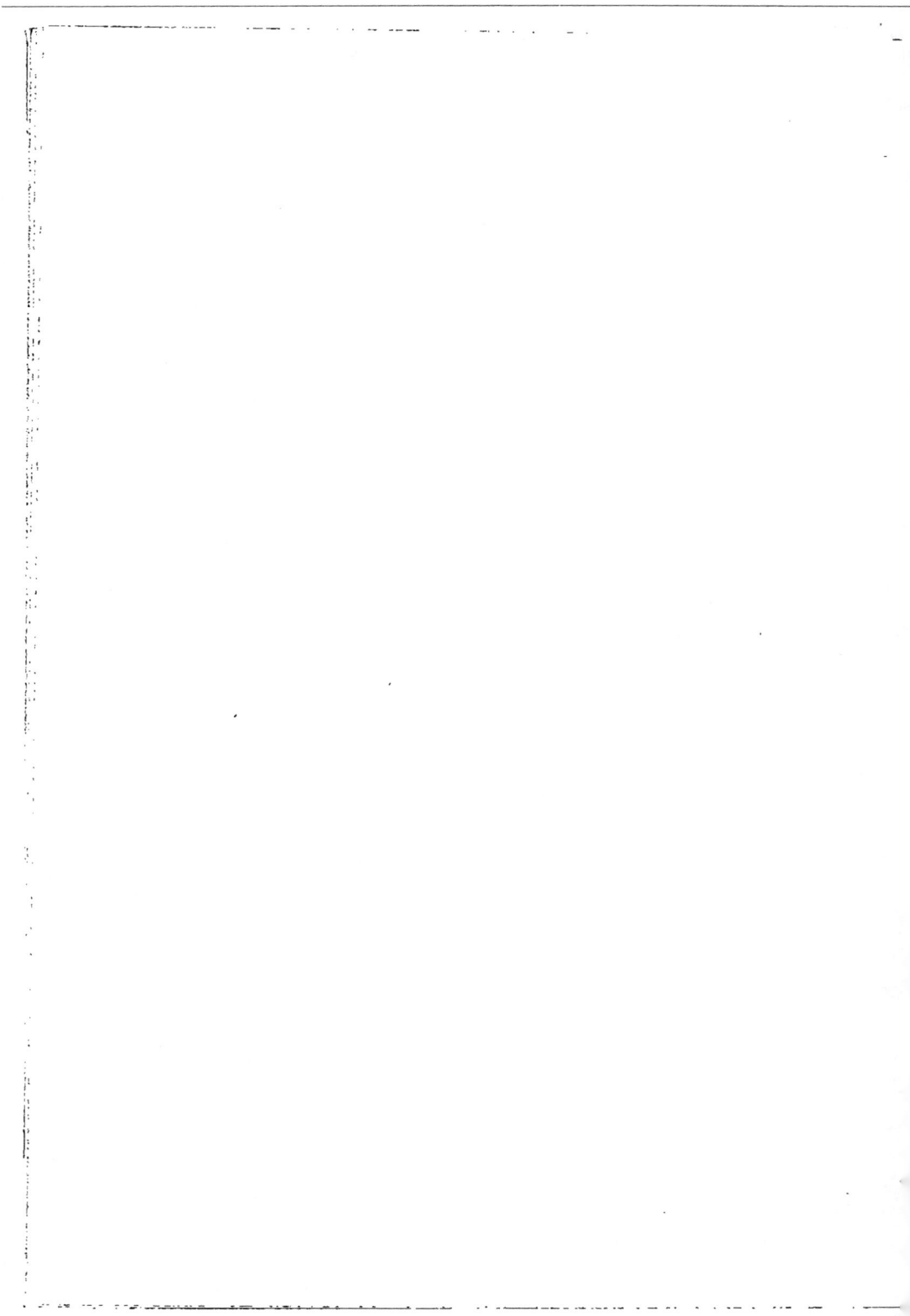

L'Histoire par le Bibelot

LE PRÉSIDENT
KRÜGER en FRANCE

Marseille – Dijon – Paris

(22 Novembre — 1er Décembre 1900

Enthousiasme populaire

Réceptions – Discours

Publicité – Chansons – Musées

Industrie du Bibelot

Par

Henri DARAGON

Ouvrage orné de huit planches hors texte

❋

PARIS

H. DARAGON, Éditeur

10, Rue Notre-Dame-de-Lorette

1901

LE PRÉSIDENT

KRÜGER EN FRANCE

MARSEILLE DIJON PARIS

OUVRAGES DU MÊME AUTEUR

Le Tsar à Paris en 1896. — (Décoration publique et privée. — Industrie du Bibelot). Ouvrage illustré de 18 planches hors texte.

En collaboration avec ERNEST DOLIS. — 1 vol. in-18. *Épuisé.*

Le Président Félix Faure en Russie. — (Réceptions officielles. — Enthousiasme populaire, bibelots, affiches. — La Fête de l'Alliance à Paris).

Ouvrage illustré de 8 planches hors texte et des portraits du Président de la République et de l'Empereur de Russie. — 1 volume in-18. *Épuisé.*

LE PRÉSIDENT
KRÜGER EN FRANCE

MARSEILLE DIJON PARIS

(22 novembre — 1er décembre 1900)

Enthousiasme populaire. — Discours. — Réceptions
Industrie du Bibelot
Chansons. — Cartes postales. — Musées

PAR

HENRI DARAGON

Ouvrage illustré de 8 planches hors texte

PARIS

HENRI DARAGON, ÉDITEUR
10, Rue Notre-Dame de Lorette, 10

1901

nombreuses, prenait un repos bien gagné,
d'autant plus que la journée du 24 est
annoncée comme devant être dure pour le
vieil homme d'Etat.

La journée se serait absolument bien
passée si des cris et des sifflets partis d'un
tramway n'avaient pas jeté une note discordante dans cette foule si sympathique.
Il va sans dire que cette farce vient de plusieurs Anglais qui se croyaient peut-être
fort intéressants. Ces mêmes Anglais ont
également lancé une huée de sifflets sur le
passage du cortège. Mais ces incidents n'ont
rien qui doivent nous émouvoir, nous con-
naissons depuis longtemps leurs agisse-
ments et le Président Krüger aussi.

Pour terminer cette jolie journée, il nous
faut indiquer la dépêche que le Président
Krüger a adressée au Président Loubet
aussitôt après avoir posé le pied sur le sol
français :

2

Marseille, 22 novembre, 4 heures.

A son Excellence Monsieur Emile Loubet,
Président de la République française,
Paris.

Monsieur le Président,

En débarquant sur la terre hospitalière de France, mon premier acte est de saluer le digne chef de la République française et de vous adresser mon témoignage de reconnaissance pour les marques d'intérêt que votre gouvernement et votre pays ont bien voulu me donner.

S. J. P. KRUGER.

Le Président Loubet a chargé le Préfet de Marseille de présenter ses salutations personnelles au Président Krüger.

Le même jour et pour détourner l'attention de la France entière sur les importantes manifestations populaires de Marseille, les Anglais faisaient courir le bruit de la mort du Tsar. Heureusement rien n'est venu confirmer ces fausses nouvelles dont la presse anglaise détient le record.

DEUXIÈME JOURNÉE (23 Novembre)

A DIJON

Le Président Krüger est parti de Marseille par le train de 9 heures 21. De l'hôtel de Noailles à la gare la population marseillaise est tout entière sur le passage du cortège. — Jusqu'au dernier moment elle pousse des hourras et des « Vive Krüger » et ne cesse d'acclamer les Boers.

Le Président avant de prendre congé des Marseillais leur adresse de vifs remerciements pour leur aimable accueil.

Lorsque le train s'ébranle une immense clameur se fait entendre qui se répercute pendant plus de 3 kilomètres le long du passage du train. — Les mouchoirs, les cannes, les parapluies, les chapeaux volent en l'air, partout des cris de Vive Krüger, Vive l'arbitrage.

Chaque fois que le train s'arrête les mêmes ovations se font entendre.

Le premier arrêt a eu lieu à Avignon puis à Valence — le maire et l'adjoint présentent leurs hommages au Président au nom de leurs concitoyens, partout des drapeaux, des fanfares, des bouquets et partout aussi sur les quais privilégiés où le train stoppe, même furie, même enthousiasme.

Lyon, 20 minutes. — La population lyonnaise est représentée par son maire M. Augagneur et 25.000 personnes qui sont venues envahir la gare. — M. Krüger traverse la voie et vient se placer sur la terrasse de la gare, adossé au balcon, il reçoit les souhaits du maire et remonte en wagon après avoir répondu. — Dans cette gare les trains en station sont bondés de monde intérieurement et extérieurement — tous veulent acclamer l'illustre vieillard.

Le train arrive à Dijon dans l'après-midi.

Le maire, M. Fournier-Faucher, entouré de ses trois prédécesseurs MM. Robelin, Bardel, Morin Gacon, présente ses vœux au Président qui lui répond, et le cortège se met en marche.

Arrivé avec beaucoup de peine à l'hôtel de la Cloche où des appartements lui ont été préparés, M. Krüger peut voir encore une fois avec quelle sympathie il est attendu par toute la population. Les « Vive Krüger », « Vivent les Boers » forcent le Président à venir lui-même au balcon. Il salue longuement cette foule qui ne cesse de l'acclamer. Pendant ce temps la musique joue la Marseillaise et l'hymne national Boer.

Les pauvres Dijonnais avaient espéré posséder parmi eux le Président. Ils lui avaient offert un vin d'honneur à l'Hôtel-de-Ville, mais le vieil homme d'Etat était tellement harassé de fatigue qu'il s'est vu forcé de déléguer le Dr Leyds pour le représenter. — Une nouvelle allocution du maire fort bien sentie a été écoutée avec le plus vif intérêt ; le Dr Leyds y a répondu puis tous se sont quittés en se répandant dans la ville. L'animation est incroyable et aux abords de l'Hôtel de la Cloche d'or principalement les cris sont encore plus intenses. Ces cris ne dérangent pas malgré tout le sommeil du Président couché dès 7 heures. Il se repose des fatigues de la journée et se prépare à affronter celles de demain.

En somme superbe journée qui fait le plus de gloire aux Dijonnais. Le Président a dû remporter un charmant souvenir de cette localité dont le conseil municipal a si bien fait les choses.

Bien tard encore dans la nuit des cris de Vive Krüger se font entendre : Est-ce l'écho ? — Est-ce encore la manifestation qui se continue au loin dans la campagne ?

TROISIÈME JOURNÉE (24 Novembre)

A PARIS

Il est 6 h. du matin lorsque le Président quitte son hôtel pour se rendre à la gare où la municipalité lui adresse ses derniers compliments. Malgré l'heure matinale la population est nombreuse qui a voulu une dernière fois saluer l'oncle Paul. A 6 h. 28 le train s'ébranle en laissant derrière lui une longue traînée de vivats.

La première ovation de la journée est à l'arrêt que fait le train à La Roche. Sur le quai de la gare il n'est pourtant que 8 h. 1/2 les maires des villes voisines (Auxerre, Joigny, Laroche) sont présents entourés de nombreux comités.

Après un court arrêt, le train s'ébranle cette fois pour ne faire halte qu'à Paris. Le long du parcours les ouvriers de la gare

sont juchés sur des wagons et sont les pre-
miers parisiens à acclamer le Président.

A 10 h. 40 le train s'arrête enfin ; c'est
Paris, c'est la ville lumière, la ville des ovations, la ville qui a suivi avec tant d'intérêt
les péripéties du voyage présidentiel après
avoir suivi avec plus d'intérêt encore pendant un an les victoires des Boers.

La foule massée sur les quais d'arrivée
peut être évaluée à plus de 10.000 personnes.
Le Conseil municipal, le Conseil général, des
députés, des sénateurs, entourent M. Crozier chef du Protocole, chargé par le gouvernement de la République de le représenter
auprès de M. Krüger. Dans l'assistance nombreuse et parmi les personnes reconnues,
citons tout d'abord le comte de Villebois-
Mareuil, frère du regretté colonel décédé
comme l'on s'en souvient au champ d'honneur pour la cause des Boers. Nous remar-
quons encore la jolie miss Maud Gonne.
MM. Pauliat, sénateur, Guérin, Rambaud

anciens ministres, Georges Berry, Alphonse
Humbert, Gerville Reache, comte de Bréda
chef d'état-major du colonel de Villebois-
Mareuil, Grebauval, Escudier, vice-président du Conseil municipal.

La foule est tellement avide de voir de
près le Président de la République du
Transvaal, qu'il est presque impossible
d'ouvrir la portière du wagon. Mais la porte
s'ouvre enfin et le Président apparaît grand
et majestueux. Un indescriptible tonnerre
d'applaudissements se fait entendre mêlés
de respect, d'admiration et de joie. « Vive
Krüger! Vive Krüger! » partent de toutes
les poitrines, l'enthousiasme méridional
est surpassé par le délire parisien. Le vieil
homme d'Etat a conquis en une seconde
toutes les faveurs des habitants de la capitale. Ce n'est qu'à grand'peine que le Président descend, précédé du Dr Leyds et
soutenu par M. Van Hamel. La foule est
tellement compacte que le Préfet de police

et le chef du Protocole ont décidé que les toasts et les discours ne seront point prononcés dans le salon réservé à cet effet tant il y aurait à craindre une catastrophe.

M. Crozier souhaite la bienvenue à M. Krüger au nom du Président de la République.

Du même ton ferme que nous lui avons connu à Marseille, le Président Krüger lui répond en ces termes :

> Monsieur,
>
> Le Président de la République sud-africaine remercie le Président de la République française et le Gouvernement de lui avoir fait souhaiter la bienvenue à son arrivée à Paris. Il vous prie, monsieur, de transmettre ses remerciements au chef de l'Etat et au gouvernement de la République française.

C'est ensuite M. Guérin, vice-président pour l'indépendance des Boers qui prend la parole :

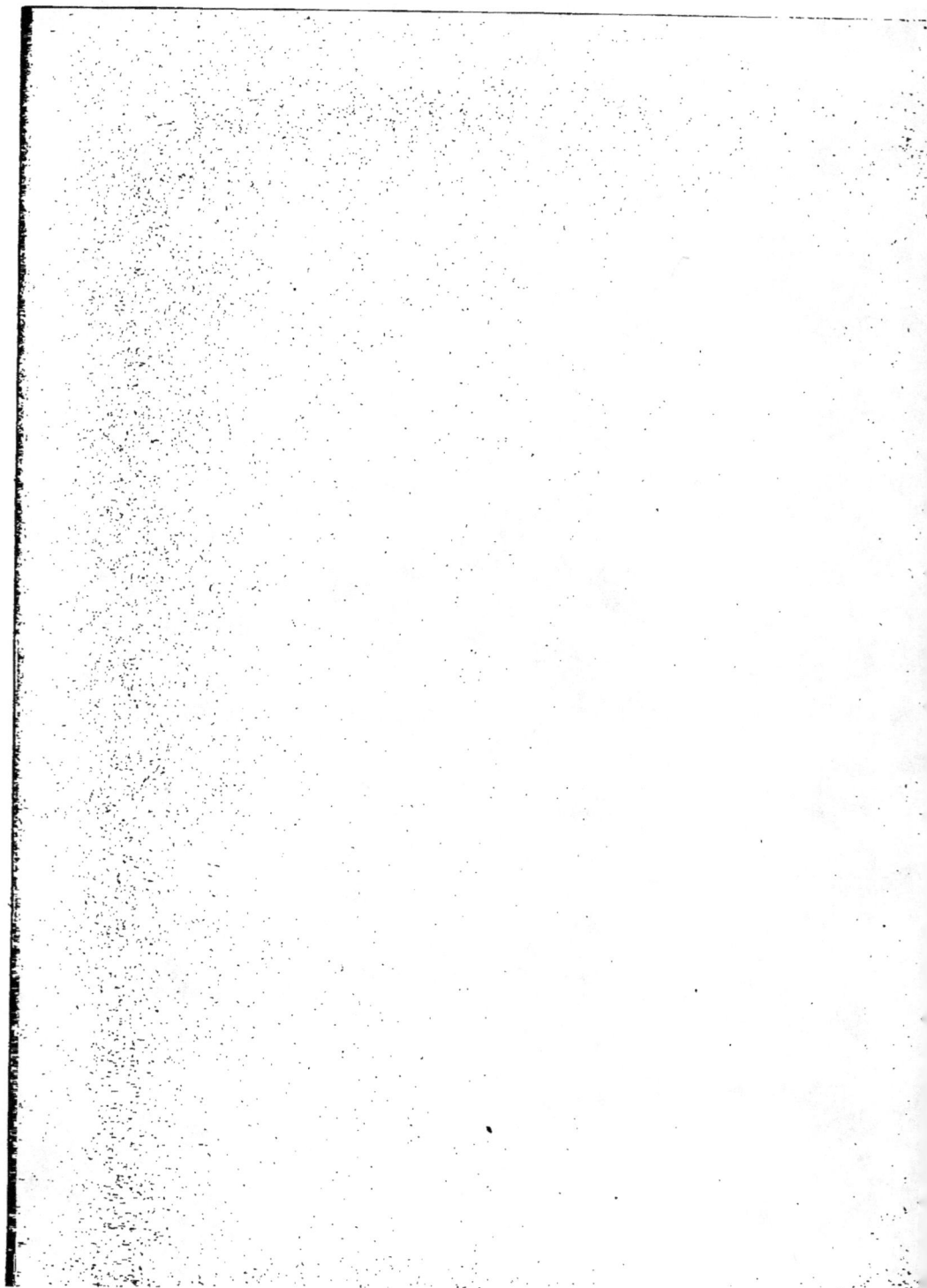

Monsieur le Président,

Au nom du Comité général pour l'indépendance des Républiques boers, et en l'absence de M. Krantz, ancien ministre de la guerre, j'ai l'honneur de vous souhaiter la bienvenue à votre arrivée à Paris. Les acclamations qui vous accompagnent depuis votre débarquement en France et qui montrent la sympathie ardente du peuple français pour le peuple boer, vous allez les retrouver ici, et la population parisienne va acclamer en vous l'héroïque champion de la liberté, de la justice et de l'indépendance de votre pays.

Le Président Krüger lui tend la main et l'émotion se lit sur son visage. Le Docteur Leyds traduit ce discours auquel le Président répond et M. Van Hamel traduit :

Le Président de la République sud-africaine vous remercie. Il vous dit d'abord combien il a été touché et ému en voyant les manifestations spontanées dont il est l'objet depuis deux jours de la part de milliers et de centaines de milliers de Français.

Il remercie spécialement le Comité pour l'indé-

pendance des Boers qui a pris l'initiative de cet
admirable mouvement.

Le Président tient enfin et surtout à vous dire
que sa cause est celle de la justice ; l'indépendance
que réclament les Républiques boers est une indépendance basée sur la justice et qui doit assurer
la paix. Il ne veut à aucun prix d'une faveur qui
soit due à l'injustice. C'est la justice qu'il réclame
rien que la justice. Il demande la paix et l'indépendance à la justice.

Il l'a bien prouvé en ne cessant de demander
l'arbitrage que je réclame encore.

Ce discours est accueilli et même inter-
rompu fréquemment par des cris de « Vive
Krüger » ! « Vive l'arbitrage » !

M. Grébauval, au milieu d'un brouhaha
infernal, souhaite la bienvenue au Président
au nom de son Conseil municipal tout
entier. M. Van Hamel lui répond en ces
termes :

Le Président de la République sud-africaine est
profondément touché des belles paroles que vous
venez de lui exprimer au nom de Paris. Il sait que

cette grande cité a toujours été au premier rang
pour défendre les idées de droit et de justice. Il se
souvient aussi qu'il est déjà venu à Paris, et il est
heureux d'y revenir après ces douloureuses épreuves, pour retrouver cette cité qui est le centre du
monde.

Et, en mettant les pieds sur le sol parisien, il
sent aussitôt qu'il doit prendre confiance. Cette
confiance pour le succès de sa cause, c'est dans
la vue même des armes de Paris qu'il la trouve.
Quand il voit ce navire, qui ne fut jamais sub-
mergé, et qui flottera éternellement sur les eaux,
il se dit que la République elle aussi surnagera et
que jamais elle ne sombrera.

Après le discours de M. Cherioux président du Conseil général, M. Lépine prend
très courtoisement le Président par le bras
et l'aide à traverser la haie de curieux qui
se trouvent sur son passage et qui ne cessent
de l'acclamer.

Dans le landau qui stationne devant la
gare, montent le Président ayant à sa gauche M. Guérin et en face le Dr Leyds et
M. Van Hamel.

Les petits-enfants et arrière-petits-enfants, la suite du Président montent dans d'autres landaus. Les voitures officielles sont occupées par les conseillers municipaux.

Aux abords de la gare sont rangées plus de 5o.ooo personnes placées derrière de très nombreuses sociétés et de plus de soixante délégations.

Les cris de « Vive le Transvaal ! » de « Vive Krüger » ! se font de plus en plus nourris lorsque le cortège se met en marche et passe devant le front des délégations. Il est escorté par un peloton de gardes républicains qui encadre la voiture.

Au grand trot les voitures prennent la rue de Lyon, la place de la Bastille, le boulevard Beaumarchais, le boulevard du Temple, le boulevard St-Martin, le boulevard St-Denis, le boulevard Bonne-Nouvelle, le boulevard Poissonnière, le boulevard Montmartre, le boulevard des Italiens et le boulevard des Capucines. Arrivés sur la place de l'Opéra, les gardes municipaux qui étaient massés dans les rues adjacentes barrent les abords de l'hôtel Scribe que le cortège atteint à 11 h. 40.

Pendant cette course triomphale au milieu du cœur de Paris, les vivats n'ont pas cessé durant une minute, pas même durant une seconde. C'est que le peuple de Paris si souvent divisé dans ses luttes intestines sait oublier ses rancunes lorsqu'il s'agit de recevoir des personnages influents qui viennent lui demander aide et protection.

Si ce n'est que les drapeaux étaient moins nombreux aux fenêtres qu'en 1896, nous nous serions cru aux inoubliables fêtes franco-russes.

Celles-ci ont dépassé s'il est possible encore par l'enthousiasme, les réceptions qui ont été réservées au tsar Nicolas II par la population parisienne.

Sur tout le parcours on lance dans le

landau présidentiel des bouquets de fleurs,
de violettes et de roses qui viennent quelquefois tomber aux pieds de l'illustre
vieillard. Des femmes hardies ont même été
jusqu'à déposer des gerbes de fleurs dans
la voiture au risque d'être écrasées. Bel
enthousiasme qui fait le plus grand honneur
aux Parisiens.

Le landau pénètre sous la voûte de l'hôtel Scribe et le Président en descend. Il lui
est impossible de gagner l'escalier pour se
rendre au troisième étage où se trouvent ses
appartements tant l'affluence est nombreuse. Sur chaque marche se trouvent des
délégués, des groupes de femmes, etc.

Le Dr Leyds fait monter le Président par
l'ascenseur au grand mécontentement de
tous. Au troisième étage il trouve les membres masculins et féminins de la société
néerlandaise du Sud-Afrique qui lui ont
réservé une chaude ovation.

De nombreux discours en hollandais lui

sont adressés. Son émotion est grande,
moins grande pourtant que lorsqu'il se rend
dans l'antichambre de son' appartement.
Des voix d'enfants entonnent l'hymne national boer *le Volksved*. Deux des charmants
choristes sont les propres arrière-petits-fils
du Président, l'aîné tient à la main un drapeau transvaalien, les trois autres sont ceux
de Mme Pierson, femme du consul général
du Transvaal qui les accompagne elle-même
au piano. Attention délicate et qui fait le
plus grand honneur à ceux qui en ont eu
l'idée.

Si la journée a été dure pour un homme
de l'âge du Président, il est évident que
l'émotion a dû le terrifier bien davantage.
Après les ovations publiques les surprises
sentimentales et de nouveau les ovations
publiques. La foule l'appelle, et lorsqu'il
se présente sur son balcon les vivats sont
si nourris qu'il doit y rester pendant plus de
cinq minutes.

M. Krüger se retire ensuite dans sa chambre à coucher au milieu de ses petits-enfants et de ses arrière-petits-enfants.

Il fait demander par M. Leyds une audience au Président de la République.

M. Lépine, M. le comte de Villebois-Mareuil sont introduits auprès du Président.

Quelques instants après le Président Krüger reçoit les délégations des députés et des conseillers municipaux. Après avoir encore une fois salué la foule, il se retire dans ses appartements pour y prendre quelques instants de repos.

M. Loubet en réponse à la demande d'audience que lui avait adressée le Président Krüger, l'a fait informer qu'il le recevrait à l'Elysée à 4 heures avec les honneurs prescrits pour les réceptions officielles. En effet à quatre heures moins un quart le lieutenant-colonel Meaux-St-Marc est venu chercher le Président à l'hôtel Scribe dans un landau de la Présidence, escorté de cuirassiers.

Les honneurs ont été rendus par un ba-
taillon d'infanterie avec colonel, drapeau
et musique.

M. Crozier, le capitaine de frégate Huguet
et le commandant Bouchez ont salué le Président à sa descente de voiture. M. Krüger
s'est alors incliné profondément devant le
drapeau qu'il a salué. M. Combarieu et le
général Dubois, secrétaires généraux de la
Présidence, l'ont reçu dans le vestibule et
introduit dans le salon des Ambassadeurs
où l'attendait le chef de l'Etat entouré des
officiers de sa maison militaire. Le Président
Loubet portait sur l'habit le grand cordon
de la Légion d'honneur. M. Krüger en redin-
gote avait revêtu l'insigne de sa dignité présidentielle qui consiste en un large ruban
vert à liseré rouge orné de l'écusson du
Transvaal.

En hollandais, le Président Krüger a
adressé quelques paroles de salutation à
M. Loubet traduites aussitôt par M. Van

Hamel qui a traduit ensuite les paroles du Président de la République française adressées à M. le Président Krüger. Puis les Présidents se sont serré la main. L'entrevue a duré environ dix minutes. Le retour s'est effectué avec le même cérémonial qu'à l'arrivée.

Le cortège a suivi l'avenue Marigny, l'avenue des Champs-Elysées, la rue Royale et les boulevards. Une légère modification à l'itinéraire habituel s'était imposée afin d'éviter au cortège de passer devant l'ambassade d'Angleterre.

A quatre heures et demie M. Loubet se dirigeait vers l'hôtel Scribe afin de rendre sa visite au Président Krüger. Des ovations ont accueilli notre Président à son entrée et à sa sortie de l'hôtel Scribe. L'entrevue a duré environ 10 minutes. MM. Leyds Grobier, Van der Hoeven l'ont reconduit à son landau.

La foule n'ayant pas vu depuis quelques

instants son hôte, l'a réclamé avec insis-
tance, et force fut au Président Krüger de
reparaître encore une fois au balcon où une
ovation de plus en plus nourrie lui était
réservée. La nuit arrive et la foule se dis-
perse pour revenir plus compacte dans la
soirée.

QUATRIÈME JOURNÉE (25 Novembre)

La coutume boer voulant que le diman-
che soit consacré au repos, aucune sortie,
aucune réception n'a eu lieu. Le Président
est resté au milieu des siens dans l'intimité
la plus stricte. La foule l'ayant réclamé, à
plusieurs reprises M. Krüger est venu la
saluer de son balcon.

Les sollicitations et les demandes d'audience sont repoussées impitoyablement par
le Dr Leyds et ses secrétaires.

A onze heures une cérémonie religieuse
a lieu dans le grand salon de son appartement à laquelle assistaient seulement les
personnes de son entourage.

Détail amusant le Président habite en
face le magasin de nouveautés Old England
rue Scribe, et de l'autre côté du boulevard

sont les bureaux du journal anglais *Le Times*.

Des dépêches de sympathie arrivent par centaines de tous les coins du monde. A signaler : « Les membres de la Société de commerce de Kazov souhaitent tous le succès au Président du Transvaal. »

Le registre déposé dans le salon de l'hôtel se couvre chaque jour de nombreuses signatures.

Le Président Krüger se couche de très bonne heure non sans avoir conféré longuement avec M. le Dr Leyds.

CINQUIÈME JOURNÉE (26 Novembre)

A midi le Président Krüger quitte l'hôtel Scribe et se dirige vers le Bois de Boulogne et l'Exposition. Un escadron de cavalerie servait d'escorte au cortège qui se composait de deux landaus précédés de la voiture de M. Lépine.

Le cortège suit la rue de la Paix, la rue Castiglione, la rue de Rivoli, la place de la Concorde et les Champs-Elysées. Avenue Nicolas II le Président se fait expliquer par les personnes qui l'accompagnent quelle fut la destination de chacune des galeries. Sur le pont Alexandre III des groupes se forment et les ouvriers sortant des galeries, viennent acclamer M. Krüger.

Le cortège contourne les Invalides sans s'arrêter, gagne le Champs-de-Mars, l'Ave-

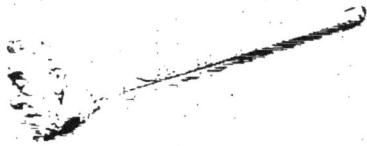

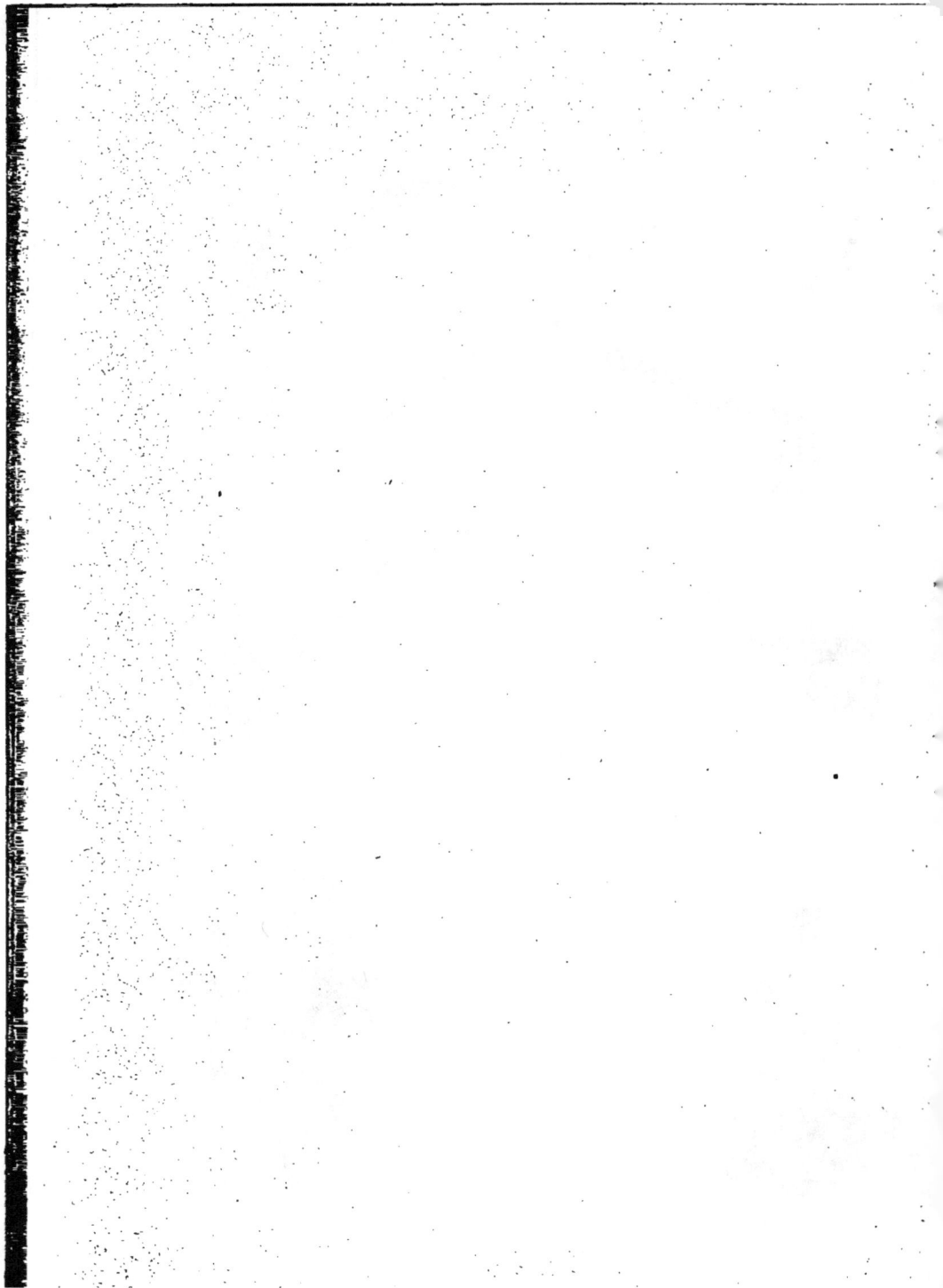

nue de la Bourdonnais et s'arrête sous la
Tour Eiffel.

M. Picard, commissaire général est présenté par M. Lépine. Il lui fait part du succès obtenu par le Pavillon du Transvaal.
M. Salles administrateur de la Tour remet
à M. Krüger trois médailles commémora-
tives pour lui et ses petits-fils — puis l'as-
cension de la Tour commence. Au premier
étage une halte pendant laquelle M. Lépine
sert de cicérone. A la deuxième plate-forme
le panorama attire les regards du Président.
Il ne quitte l'Exposition qu'après avoir
visité le Pavillon du Transvaal qui fut si
couru pendant les six mois qui viennent de
s'écouler. Devant le pavillon des fleurs et
des drapeaux, M. Pierson reçoit le Président le conduit devant son buste entouré de
bouquets, lui montre les inscriptions gravées
sur les murs et les colonnes, inscriptions si
élogieuses pour les Boers et si justement
dures pour les Anglais. Dans la ferme boer

une bible en hollandais est ouverte, et
M. Pierson lit à haute voix un verset qui
parle de la protection du Seigneur.

Le cortège rentre ensuite à l'hôtel Scribe.
Depuis les Champs-Elysées la foule s'est
massée sur les trottoirs et fait une ovation
au Président lorsqu'il passe au grand trot.

Après un instant de repos MM. Trarieux,
Monod, Anatole France, Louis Hamet,
Bréal, Frédéric Passy, Delpech, Gaston
Deschamps sont reçus par le Président.
M. le Chevalier de Mearees chargé d'affaires
des Pays-Bas a été reçu en audience privée
et a remis au Président la dépêche de la
Reine Wilhelmine.

Viennent ensuite : le Comité Néerlan-
dais sud-africain, le Comité du sou des
Boers, la députation irlandaise présentée par
Miss Maud Gonne, le Comité des volontaires
français du Transvaal.

Le Président a reçu un jeune Français
Maurice Baujar qui, après avoir combattu

comme volontaire au Transvaal a dû revenir
en France où il fait actuellement son service au 39ᵉ régiment d'infanterie à Rouen.

La foule est toujours aussi compacte au
dehors, pas une note discordante ne se fait
entendre. il n'y a plus en France de partis,
tous acclament le Président. Sur l'impériale
de l'omnibus Madeleine-Bastille dix individus portant chacun devant eux une lettre composant les mots VIVE KRUGER sont
fort acclamés.

SIXIÈME JOURNÉE (27 Novembre)

A huit heures trois quarts le Président va rendre visite au Président du Conseil, Ministre de l'Intérieur qui lui rend aussitôt sa visite à l'hôtel Scribe.

Peu après les bureaux du Conseil municipal et du Conseil général viennent saluer le Président.

A 10 h. 25 M. Krüger monte en voiture et va rendre sa visite à l'Hôtel de Ville aux conseillers municipaux. Les vice-présidents sont au haut de l'escalier d'honneur. Ils conduisent le Président dans la salle du Conseil.

M. Escudier s'exprime en ces termes :

Monsieur le Président,

Il n'a dépendu de nous que cette réception fût plus solennelle et que nous rendions au Prési-

dent Krüger des honneurs dignes de lui : nous
avons dû nous incliner devant des circonstances de
force majeure que nous pouvions, mais que nous
n'avions pas voulu prévoir.

Vous voici, monsieur le Président, dans cet
Hôtel de Ville, berceau et refuge de nos libertés.
Dans ces murs au passé glorieux, vous êtes mieux
que partout ailleurs respecté, compris et admiré.

Cette visite que vous avez tenu à faire, nous en
conserverons l'impérissable souvenir. Puissiez-
vous de votre côté, monsieur le Président, empor-
ter de votre séjour à Paris des consolations et des
espérances.

Vous avez reçu ici l'accueil que méritent la
noblesse de votre cause et la grandeur de votre
caractère. Notre généreuse cité a continué la gran-
diose manifestation qui, de Marseille à Paris,
soulevait la France sur vos pas. Elle a exprimé
en un moment les sentiments d'admiration amas-
sés dans les cœurs pendant de longs mois par
l'indomptable résistance des glorieuses Républiques sud-africaines, et si elle a traduit ses sympathies avec plus de chaleur, avec plus d'enthousiasme encore que les autres villes, c'est qu'elle
avait besoin de crier son patriotisme et son culte
des héros.

Dans notre ville, palpitante du frisson des grands jours, votre venue, monsieur le Président, a déterminé un de ces mouvements d'opinion qui emportent d'un même élan toutes les classes de la société, et vous avez vu, quittant ses chantiers, quittant ses affaires, ses ateliers, se presser autour de vous tout le peuple de Paris. Vous avez senti battre son cœur, le cœur de la France.

Je ne puis croire, monsieur le Président, que la voix de Paris, qu'un illustre écrivain étranger appelait l'orateur de l'Humanité, ne sera pas entendue des nations.

Puisque les gouvernements sont muets devant l'iniquité, que les peuples parlent ; qu'ils disent leur volonté, et l'arbitrage s'imposera comme une satisfaction nécessaire à la justice et à la civilisation.

M. Chéroux président du Conseil général prononce le discours suivant :

Monsieur le Président,

Le Conseil général de la Seine a considéré, non seulement comme un très grand honneur, mais aussi comme un devoir sacré d'apporter au Pré-

sident de la République du Transvaal le très res-
pectueux hommage et de son admiration et de sa
profonde sympathie.

Vous représentez le peuple le plus libre et le
plus digne de la liberté ; vous êtes l'élu des hommes les plus braves de la terre, lions dans la
bataille, chevaleresques après la victoire, indom-
ptables dans la défaite..............

Une grande émotion s'empare de tous
quand on voit le Président Krüger, qui a
retiré sa pelisse, se dresser de toute sa
hauteur.

D'une voix très forte, il prononce en hollandais un discours que le docteur Leyds
a traduit ainsi :

Je remercie le Conseil des paroles éloquentes
et des sentiments chaleureux qu'il m'a exprimés.
Je lui suis reconnaissant de son accueil, qui est le
couronnement de celui que j'ai reçu à mon arrivée à Marseille. Depuis mon débarquement, c'est
un flot montant d'enthousiasme qui m'a porté
jusqu'ici. J'ai été particulièrement reconnaissant
de la façon dont le gouvernement de la Républi-

que m'a reçu, je suis sensible à la réception du
Conseil municipal, à tout ce que vous avez fait
et, surtout, à tout ce que vous avez voulu faire.
J'y suis sensible, puisque cet enthousiasme est
tout fait des sentiments inspirés par mon deuil et
celui de mon pays.

Je me demande si vous auriez pu faire quelque chose de plus, tellement vous avez fait. Le
président du Conseil général était à mon arrivée
à la gare de Lyon et le président du Conseil municipal, M. Grébauval était à Marseille, de sorte que
c'est Paris qui m'a reçu en même temps que la
France.

Je suis émerveillé de la réception que m'ont
faite les Parisiens. Le peuple boer n'est pas un
peuple de vaincus, c'est un peuple de lutteurs ; il
lutte, et il luttera encore longtemps.

Si le peuple boer pouvait entendre les acclamations qui ont accueilli son Président, ses forces
seraient doublées. Malheureusement ces acclamations ne peuvent lui parvenir, parce que toutes
les lignes de communications sont entre les mains
de ses ennemis, mais il le saura un jour et il en
sera reconnaissant.

Je remercie aussi la presse de ce qu'elle a fait ;
si elle pouvait aller au Transvaal, elle en rappor-

terait des histoires bien plus épouvantables que
celles que l'on connaît déjà.

J'ai prononcé lors de mon arrivée le mot de
« barbarie ». Si la presse pouvait voir les choses
de près, elle serait effrayée des atrocités et des
injustices commises par les Anglais. Je suis
reconnaissant aux deux Conseils d'avoir rappelé
que justice pouvait être obtenue par l'arbitrage,
et je les remercie d'avoir, en organisant cette
réception, cherché à propager cette idée sûre et
juste.

Des réceptions telles que celles qui ont été orga-
nisées contribueront à faire pénétrer dans l'âme
du peuple le principe de l'arbitrage et à assurer
ainsi la paix entre les peuples.

J'espère que ce sera là le résultat final de toutes
vos acclamations. S'il ne devait rester de vos
accueils enthousiastes que l'écho d'un bruit, j'en
serais peut-être plus affligé que je ne m'en
réjouis maintenant.

SEPTIÈME JOURNÉE (28 Novembre)

Le Président est très fatigué des réceptions des journées précédentes, aussi son médecin lui ordonne-t-il un repos absolu. M. Krüger ne sort pas de la matinée et ne quitte l'hôtel que vers midi et demi pour se rendre à l'Ecole des Beaux-Arts, pour y admirer la maquette du monument élevé à la mémoire du général de Villebois-Mareuil, mort si glorieusement sur le champ de bataille de Boshof.

Il est reçu par M. Berthoulat de la rédaction du journal *La Liberté*, par M. Ch. de Villebois-Mareuil.

Le directeur de *La Liberté*, M. Berthoulat, prononce le discours suivant qui est traduit en hollandais par M. Van Hamel :

Monsieur le Président,
Lorsque le colonel de Villebois-Mareuil adressa

de Prétoria à la *Liberté* cette belle lettre du
15 janvier qui retentit sur l'Europe comme un
coup de clairon, il écrivait :

« J'aurai assisté à un beau spectacle d'humanité, d'une humanité soulevée par les deux plus
grands sentiments qui puissent agiter l'homme :
Dieu et la patrie !...

« J'aurai eu aussi la réconfortante pensée de
m'être senti pour ainsi dire parmi les miens et
d'avoir goûté tant de sympathies vibrantes qui
passaient par le *France-Colonel* pour monter en
touchant hommage vers la France. »

C'est encore au *France-Colonel*, monsieur le
Président, que vous venez rendre un honneur
suprême, interrompant pour lui les étapes douloureuses d'un pèlerinage que le monde entoure
de sa piété. Une telle démarche va droit au cœur
des parents de Villebois-Mareuil, de ses amis, de
tous ceux qui aiment le Transvaal, c'est-à-dire de
tous les Français.

Le collaborateur dont le cher souvenir demeure
notre orgueil s'en fut au Transvaal parce qu'il lui
sembla que l'épée de la France ne pouvait rester
absente des champs de bataille où les Républiques sud-africaines renouvellent et dépassent,
pour le Droit et la Patrie, les plus nobles luttes

que l'histoire ait léguées à l'admiration des peuples. Il voulait y faire revivre la vieille devise des ancêtres : « *Gesta Dei per Francos* ». Il a succombé dans l'accomplissement de cette tâche héroïque et ses restes mortels reposent là-bas, sous l'humble tertre de Boshof, enveloppés d'un linceul de gloire.

Mais si les hasards de la guerre, intrépidement bravés, n'ont pas permis à Villebois-Mareuil d'être le Lafayette des Etats-Unis de l'Afrique du Sud, l'espoir nous reste, monsieur le Président, que vous en serez un jour le Lincoln. Le triomphe de la force sera sans doute aussi éphémère que son iniquité paraît éclatante. Il y a au Transvaal quelque chose d'inexpugnable : la foi et le patriotisme de ses fils. Les heures injustes et cruelles auront des lendemains réparateurs que va préparer la conscience universelle enfin réveillée, — et ce réveil, nous sommes de ceux qui croient que la France le devra sonner...

Tels sont, monsieur le Président, les sentiments dont nous vous offrons ici l'expression respectueuse et résolue, en vous remerciant au nom du comité et de la *Liberté*, d'avoir daigné répondre à notre invitation. Je vous demande de vouloir bien jeter un coup d'œil sur le projet choisi pour

perpétuer la mémoire du « France-Colonel ». Il
symbolise la vie chevaleresque de notre ami et sa
mort si belle ; il associe, car nous avons, nous
aussi, connu les luttes inégales et les grands
revers — les souvenirs de la campagne de France
à ceux de la campagne du Transvaal. On y lira
avec le nom des combats sur la Loire, ceux de
Colenso et de Spion-Kop, où s'illustia Villebois·
Mareuil. Ce monument évoquera pour l'immor-
talité l'amitié fraternelle de la France et du
Transvaal, scellée par un noble sang répandu
noblement.

Le Président Krüger répond :

Messieurs, je remercie le Comité et le journal
la Liberté qui a pris la noble initiative de préparer un monument pour l'homme que, dans le
Transvaal, tous vénèrent comme un héros de la
France. C'est avec une émotion toute particulière
que je me tourne vers le projet de ce monument ;
car je ne songe pas à cacher le sentiment profond
d'admiration que m'inspire ce chevalier sans
peur et sans reproche, qui a mis son épée au
service de deux Républiques, et qui a succombé
en se battant pour l'une d'elles. Je comprends

qu'une telle vie et qu'une telle mort aient pu si
bien inspirer un grand artiste.

Mais en me rappelant les exploits de Villebois-
Marcuil, du colonel français devenu général
boer, je me souviens des nobles camarades qui
sont partis avec lui et qui ont, depuis, suivi son
exemple. Oui, M. Barthoulat a eu raison de parler
des Français qui s'en allaient vers l'Orient accomplir comme il l'a dit, *Gesta Dei per Francos.*
Oui, Villebois-Marcuil et ses camarades rappel-
lent le souvenir de ces héros du moyen âge, de
ces chevaliers français qui allaient combattre loin
de leur pays pour la cause de la chrétienté.

Pour mes compatriotes boers, se battre était
chose aisée, car c'est sur leur sol et pour leur sol
qu'ils se battaient et qu'ils se battent. Mais pour
les Français qui ont quitté leur famille, leur pays
et quelques-uns même l'armée française, c'est un
acte d'une générosité vraiment idéale. Et c'est
pourquoi je salue avec émotion le monument
futur ; je remercie et félicite les artistes, je remercie tous les membres du Comité d'avoir réalisé un
vœu formé par le Transvaal tout entier.

Et puisque c'est un journal français qui a pris
l'initiative de la souscription et que la visite d'aujourd'hui a un caractère presque intime, je veux

dire ici ce que, dans des occasions précédentes, la
solennité de la réception ne m'a point permis de
dire complètement. C'est qu'il y a d'autres soldats
français qui se battent au Transvaal, que ceux
qui ont pris l'épée. Ces autres soldats, ce sont les
journaux français, c'est cette autre armée qui
s'est mise au service de la liberté et de la justice.
Avant mon arrivée, ces journaux avaient préparé
ma réception, et c'est à eux, je le sais, que je dois
ces acclamations qui me consolent et qui me
réjouissent dans ma tristesse. Je regrette que
l'ignorance de votre langue ne me permette pas
de lire leurs articles.

Mais je n'ai qu'à compter les colonnes qu'ils
consacrent à mon voyage pour me rendre compte
de leur sympathie, pour me rendre compte que
c'est grâce à eux qu'aujourd'hui, dans le plus
petit village de France, on sait ce qui se passe, et
à Paris, où le Président du Transvaal est acclamé
et là-bas où ses soldats se battent.

Je compte sur elle pour l'avenir. Elle continuera
à défendre avec ma cause, qui est la cause de la
paix, de l'indépendance, de la justice, la cause
de l'humanité.

Le Président se fait expliquer les allégo-

ries qui ornent le socle du monument
et félicite chaudement les auteurs de ce
projet. Les élèves de l'Ecole l'acclament et
la foule lui fait une longue ovation lorsqu'il se rend à l'hôtel Scribe.

Dans la journée sur les conseils de son
médecin le Président reçoit peu de monde.
Suivant son habitude il se couche de bonne
heure, après avoir conféré longuement
après son dîner avec ses conseillers.

Papeterie du
TRANSVAAL

Papeterie du
TRANSVAAL

Papeterie du
TRANSVAAL

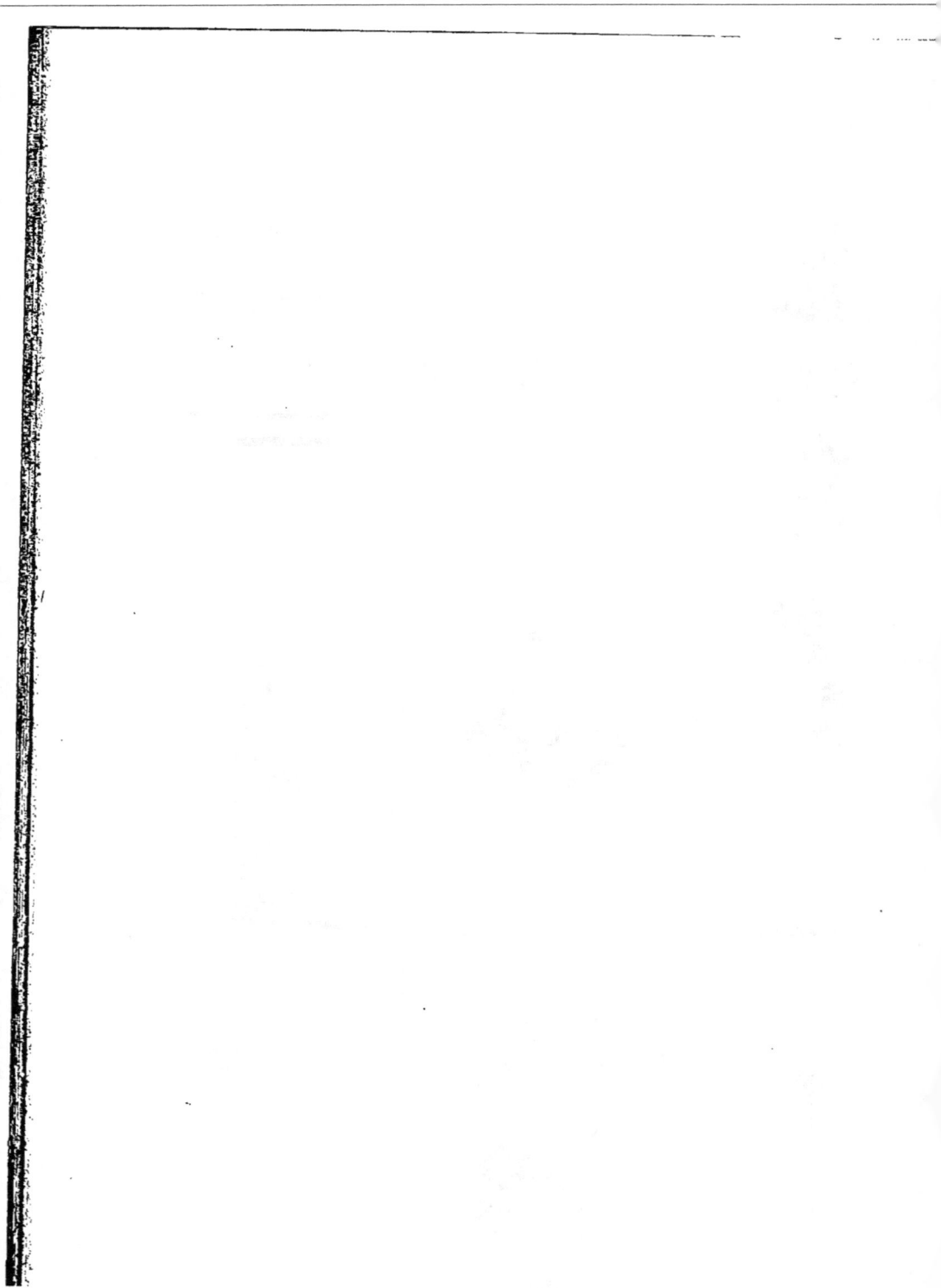

HUITIÈME JOURNÉE (29 Novembre)

Le Président reçoit le Prince Henri d'Or-
léans avec lequel il s'entretient pendant
une demi-heure. Il reçoit ensuite le sculp-
teur G. Achard qui lui offre un groupe
allégorique en plâtre *la Résistance des
Boers*. Puis la ligue internationale des
femmes pour le désarmement général.

Après le déjeuner les réceptions conti-
nuent : la délégation des élèves des Beaux-
Arts vient le remercier, les délégués pour
l'arbitrage, les délégués de l'Union chré-
tienne, etc., etc.

Le cortège rentre à l'hôtel Scribe à midi.
Ovations et fleurs sont adressées au Président pendant toute la durée du parcours.

Anssitôt après le déjeuner, M. Krüger
reçoit de nombreuses délégations.

D'abord c'est M. Henri Rochefort qui

remet au nom du Comité l'épée d'honneur
dont la garde en or massif représente un
Boer étranglant un léopard, il formule
ensuite en une allocution très spirituelle
des vœux ardents pour l'indépendance de
la République Sud-Africaine.

C'est ensuite la délégation des étudiants.
Ils offrent une superbe gerbe de fleurs
autour de laquelle un ruban porte cette
inscription « Les Etudiants à Krüger ». —
M. Pardanaud, étudiant ès lettres, prononce ce discours :

Monsieur le Président,

En vous offrant ces fleurs au nom de nos camarades de l'Université de Paris, nous venons nous
associer par un témoignage d'admiration respectueuse, à l'universel enthousiasme qui salue en
vous le soldat héroïque de la Liberté et du Droit.
Nous autres étudiants, à qui est échu ce privilège
inappréciable de pouvoir, à l'abri des préoccupa-
tions matérielles, consacrer notre temps aux
recherches de l'intelligence, nous avons plus que

les autres le devoir de défendre les causes justes, et nous ne croyons pas, monsieur le Président, qu'il en puisse exister de plus équitable que la vôtre.

Ainsi nous ne faillirons pas aux exemples de nos aînés qui, pour la liberté, ont toujours prodigué leur jeunesse et quelquefois leur vie, en Pologne, en Italie, en Grèce, et plus récemment encore, au Transvaal.

Notre inexpérience s'abuse peut-être ; il nous semble cependant que cette manifestation peut avoir une portée encore plus haute. Nos camarades, qui tout à l'heure — lorsque vous paraîtrez au balcon, vont vous saluer de leurs acclamations unanimes, représentent en art, en politique et en religion les opinions les plus différentes.

Si donc ces esprits si dissemblables ont pu s'unir en ce jour, dans une sympathie commune, pourquoi nos camarades des autres universités d'Europe et d'Amérique ne prendraient-ils pas avec nous l'initiative d'une pareille démonstration, se traduisant — si Votre Excellence nous encourage à poursuivre cette idée — par une pétition collective aux chefs des Etats, qui à la Conférence de La Haye, ont proclamé pour les différends entre nations le droit à l'arbitrage.

Il nous reste enfin, monsieur le Président, un
dernier vœu à vous exprimer : puissiez-vous,
ainsi que Washington, auquel nous vous compa-
rons tous, triompher dans la lutte héroïque que
vous soutenez pour la liberté. Que le peuple que
vous avez fondé dans le lointain Sud-Afrique —
notre frère de race, puisque beaucoup de ses
membres sont français d'origine — compte, dans
les années à venir — comme maintenant les
Etats-Unis d'Amérique, — des jours de grandeur
et de prospérité.

Le Président répond :

Je me souviens avec tristesse que plusieurs des
vôtres ont abandonné leurs études pour venir
verser leur sang au Transvaal, en défendant la
cause de l'indépendance.

L'arbitrage dont vous me parlez est en effet le
meilleur moyen d'arriver à connaître la vérité ;
par lui seul on aplanira les différends qui peuvent
s'élever entre les peuples.

C'en est fait des réceptions pour aujour-
d'hui.

Le Président dîne à 6 h. 45 puis il se rend

au Ministère des Affaires étrangères accom-
pagné de MM. le Dr Leyds et Van Hamel.

C'est le Directeur du Protocole et M.
Mollard, chef-adjoint qui reçoivent le Président au bas du perron et M. Delcassé à
l'entrée des salons. Après les présentations
d'usage, le Ministre des Affaires étrangères
invite ses illustres hôtes à se rendre dans
son cabinet de travail où un entretien de
trois-quarts d'heure resté secret, a lieu.

M. Krüger rentre ensuite à l'hôtel Scribe
où il reçoit peu après la visite de M. Delcassé.

NEUVIÈME JOURNÉE (30 Novembre)

Le Président, levé de grand matin, a consacré toute une partie de la matinée à travailler avec le Dr Leyds.

A 10 heures. M. Ernest Gay, syndic du Conseil municipal lui a remis la médaille d'or réservée aux Chefs d'Etat qui viennent visiter Paris.

Sur la face, une femme négligemment appuyée dans une attitude pleine d'abandon naturel et de grâce, et représentant la Ville de Paris, repose son regard, la tête tournée vers le palais municipal, dont la haute perspective emplit l'horizon.

Au revers, l'inscription suivante :

DÉPARTEMENT DE LA SEINE
—
LA VILLE DE PARIS
AU PRÉSIDENT
KRUGER
—
27 NOVEMBRE
1900

Des branches de laurier formant bordure
entourent l'inscription.

A 1 h. 1/2, le Président se rend au Palais
du Petit-Luxembourg pour saluer M. Fallières qui le reçoit avec le cérémonial habituel.

A 4 heures, nouvelle visite à l'Elysée qui
a duré un quart d'heure. La réception a eu
lieu dans le grand salon doré.

De l'Elysée, M. Krüger se rend au Palais-
Bourbon pour saluer M. Deschanel. L'entrevue très cordiale dure dix minutes.

Peu de temps après être rentré à l'hôtel
Scribe, le Président de la République puis
MM. Fallières et Deschanel rendaient leur
visite au Président Krüger.

Par le train de 8 heures, Mme Eloff et
Mlle Guttmann, les petites-filles du Président quittent Paris pour se rendre directement à La Haye afin de tout préparer pour
recevoir le grand patriote.

DIXIÈME JOURNÉE (31 Novembre)

Le Président ne reçoit pas dans la matinée, il parcourt avec le Dr Leyds les nombreuses dépêches reçues et lit les journaux allemands et hollandais. Bien que le départ ne soit fixé que pour une heure, la foule stationne bien avant midi aux abords de l'hôtel. On réclame le Président qui apparaît au balcon et est longuement acclamé par les cris de « Vive Krüger, Vive l'arbitrage ».

A une heure dix minutes, le cortège se met en marche vers la gare du Nord par les boulevards, la place de l'Opéra, la Chaussée-d'Antin, la rue Lafayette, le carrefour Châteaudun et la rue de Maubeuge.

Sur tout le parcours des bouquets de fleurs sont jetés à profusion, quelques-uns même tombent dans la voiture présidentielle.

Le carrefour Châteaudun est noir de monde.

Les consommateurs remplissent les terrasses et montent sur les tables. La taverne Degremont, la taverne Pousset, la brasserie Muller sont archi-combles.

De tous les côtés les ouvriers et les ouvrières grossissent la foule et prennent sur leur heure de déjeuner la visite d'adieu au Président Krüger. Quelle foule sympathique et heureuse de pouvoir l'acclamer une dernière fois !

La rue de Maubeuge est gravie assez rapidement, à l'angle de la rue Rochechouart les manifestations augmentent encore et touchent à la frénésie.

Les personnes qui sont à cette heure occupées à déjeuner quittent la table et agitent leur serviette en envoyant des fleurs. Une rose égratigne le nez de M. Krüger.

Le projet de recevoir le Président dans

le salon qui avait été aménagé à cet effet
est abandonné tant l'affluence est nombreuse.

A une heure vingt une longue suite d'acclamations se fait entendre.

M. Krüger se rend directement de son
landau au wagon-salon du Nord-Express.

Sur l'avant-quai 3oo personnes ont pu
pénétrer. Les membres de l'Union néerlandaise, les Transvaaliens de passage à Paris,
les membres du Comité pour l'indépendance
des Boers, les membres de la Presse.

La foule de plus en plus nombreuse est
maintenue par un service d'ordre des plus
actifs.

A l'entrée du Président Krüger dans la
cour du départ, les cris cent fois répétés de
Vive l'arbitrage; Vive le Transvaal, courage, courage, se font entendre. Le Président est très ému et salue en s'inclinant.

M. Crozier adresse au nom du Président
de la République française des paroles

d'adieu et le Président Krüger lui répond en quelques mots et se dirige vers le train qui doit le conduire à Cologne. Il monte dans le wagon n° 619, avec MM. Leyds, Pierson, Eloff, Van Hamel. Dans les autres wagons prennent place les membres du bureau du Comité pour l'indépendance des Boers.

MM. Escudier et Chérioux présentent leurs adieux au Président au nom du Conseil municipal et du Conseil général et lui souhaitent pleine réussite pour la noble mission qu'il a entreprise. Un grand nombre de conseillers municipaux, de députés, de délégations se succèdent devant le wagon présidentiel.

Le Président s'incline longuement, un coup de sifflet se fait entendre, puis le train s'ébranle.

La foule contenue l'acclame. — *La Marseillaise* se fait entendre au dehors. Une dernière pensée hante tous les esprits.

Le Président réussira-t-il à convaincre
les diplomates et comme si tout le monde
présent était obsédé de la même pensée un
long cri mille fois répété de « *Vive l'arbitrage !* » se fait entendre. « Vive Krüger ! »

Le voyage du président Krüger a été
jusque et au delà de la frontière française
une véritable marche triomphale.

A toutes les stations qu'il a traversées,
le vénérable héros a été acclamé par des
foules accourues de partout. Même le long
des voies, les paysans, à plusieurs endroits
de la route, s'étaient groupés dans les
champs et faisaient des signes de sympathie.

A Compiègne, à Creil, à Noyon, la foule a
poussé des hourras frénétiques au passage
du train. Le président s'est mis à une portière de son wagon pour saluer.

A Saint-Quentin le train a stoppé quatre
minutes. Une foule énorme avait envahi la
gare et les places avoisinantes. Une délégation composée de plusieurs sénateurs et

députés de l'Aisne, du maire de Saint-Quentin, des adjoints est venue saluer le président au passage.

Le maire et M. Hugues, député, ont prononcé des allocutions, des gerbes de fleurs
ont été apportées par les sociétés locales.
Lorsque le train est parti, emmenant le
maire et les députés qui accompagnent le
président jusqu'à la frontière, une formidable acclamation a fait trembler les vitres
de la gare.

A Jeumont, les mêmes ovations ont été
faites à l'illustre voyageur. M. Pauliat, président du comité pour l'indépendance des
Boers, a présenté les adieux de ce comité au
président Krüger.

Le Président très ému a répondu :

Merci, messieurs, de vos dernières paroles,
elles resteront gravées dans mon cœur. J'ai fait
mes adieux à Paris, la grande cité, qui m'a reçu
avec tant d'éclat et tant de sympathie dans l'admirable Hôtel de Ville où m'attendait le Conseil

municipal et dans la rue où m'attendait le peuple ; il me reste à faire mes adieux à la France ; au cher pays hospitalier qui a ajouté aux longues années de ma vie une semaine inoubliable. Mes adieux à Paris n'ont pu être qu'un grand cri de reconnaissance allant à tous, répété à tous, car tous m'ont acclamé. En quittant le sol de la France, je veux une dernière fois exprimer par quelques paroles les sentiments les plus profonds de mon cœur.

Je suis ému au moment où je vais passer la frontière, car plus que jamais, il me semble qu'en quittant le territoire de la République française, c'est une grande et bonne sœur que je quitte, la sœur de nos républiques sud-africaines. J'emporte des souvenirs qui ne s'effaceront jamais de ma mémoire, souvenirs d'hommes et de choses, souvenirs d'une hospitalité sans bornes, d'une sympathie sans réserves.

Les votes si touchants du Sénat et de la Chambre me resteront chers autant que l'accueil éminemment cordial que m'a fait le Président de la République et que m'ont fait les ministres.

Ce que je laisse à la France, c'est mon cœur, et ce cœur ne vous oubliera pas, vous qui l'avez réchauffé et consolé par vos paroles et par vos actes. Il saigne encore. Il souffre des douleurs de mon peuple. Il ne sera guéri que le jour où notre indépendance sera rétablie, garantie pour l'avenir, où nous pourrons être en toute sécurité ce que nous sommes, ce que nous voulons rester : un peuple de travailleurs honnêtes et de vaillants gardiens du sol national.

Pour nous faire retrouver cette indépendance pacifique, nos hommes continueront à se battre, et moi je poursuis mon voyage ; mais j'espère que la France, elle aussi, continuera activement l'œuvre qu'elle a si brillamment inaugurée en me recevant comme son ami.

Une voie me paraît ouverte, je l'ai appelée du mot d'arbitrage, et ce mot, j'en suis très heureux, est déjà devenu le cri de la foule. Qu'il soit aussi le mot d'ordre des gouvernements. Par ce mot, j'entends plus spécialement dans les circonstances pénibles que la guerre a créées, une délibération suivie d'une médiation amicale des puissances en faveur de la paix, et surtout de la justice, car c'est la justice que je réclame. La guerre doit finir. Les intérêts de nos peuples, la cause de l'humanité l'exigent, et comme nous ne la finirons pas en déposant les armes, une médiation s'impose.

En débarquant en France, j'ai parlé de la façon barbare dont cette guerre est faite par nos adversaires : en quittant la France, je veux dire à ce sujet deux choses : d'abord que nous avons fait parvenir nos griefs à lord Roberts et que le général anglais a promis de faire cesser ces cruautés. Peut-être n'a-t-il pas pu se faire obéir. Quoi qu'il en soit, la barbarie continue.

Je tiens à dire ensuite que c'est comme chef d'un peuple, non comme chef de famille que j'ai à me plaindre. Ma famille est traitée par lord Roberts avec beaucoup d'égards et je l'en remercie.

Et maintenant, je tends la main en signe d'adieu aux membres du comité pour l'indépendance des Boers, aux sénateurs, aux députés, à tous les amis qui ont voulu m'accompagner à la frontière.

J'envoie mes adieux et mes remerciements à tous les autres peuples et gouvernements par l'intermédiaire de cette presse qui a si vaillamment secondé mes efforts.

Adieu et merci pour tous. Vive la France.

Les dernières paroles du Président sont couvertes par des vivats de « Vive Krüger ! »

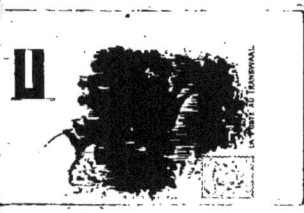

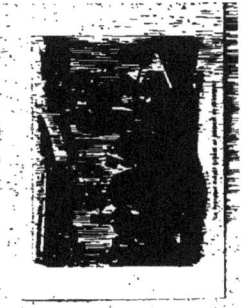

et des cris enthousiastes de : « Vive l'arbitrage ! Vivent les Boers ! »

Une dernière étreinte et le train part.

Terminons cette courte relation en faisant
remarquer que pas une seule note discordante ne s'est fait entendre pendant le
séjour du Président Krüger en France, du
moins du côté des Français. Il n'en a pas
été de même des Anglais. En effet, nous
lisons dans les journaux d'aujourd'hui
l'article suivant qui se passe de tout com-
mentaire et qui servira à apprécier le tact
des sujets de la reine Victoria.

Le préfet de police a fait une enquête
pour découvrir l'auteur ou les auteurs de
l'inqualifiable agression qui a eu lieu rue
Scribe, lors de la visite des étudiants.

Cette enquête a abouti. L'individu qui a
jeté des sous est un Anglais qui occupait
l'une des chambres de l'hôtel. Il a été invité
à quitter la France dans son intérêt et dans

celui de la paix publique. Il a été mis dans
le premier train en partance pour l'Angleterre.

(LES JOURNAUX).

L'INDUSTRIE DU BIBELOT

Bibelots populaires. — Cartes postales illustrées
Journaux illustrés. — Médailles. — Musées
Prédictions
Publicité. affiches, étiquettes

BIBELOTS POPULAIRES

Plus de cent bibelots différents ont été fabriqués en l'honneur du Président Krüger.

Il est peu de visites de Souverains qui aient occasionné une telle fièvre de productions populaires. En moins de huit jours ces petits objets que nous avons pu reproduire presque tous, sortaient des mansardes du quartier du Marais et se répandaient bientôt dans la capitale en s'arrêtant sur la longue ligne des boulevards.

C'est à l'objet populaire, au bibelot à quelques sous, que nous devons presque exclusivement cette fois le soin de rappeler le passage triomphal du Président dans Paris, c'est lui qui reste le témoin des ovations de la foule, c'est lui qui deviendra *d'ici peu tout à fait introuvable.*

Les collectionneurs les lègueront à leurs

enfants en leur racontant l'histoire de la guerre anglo-boer, ses origines, ses résultats, le motif du voyage de M. Krüger en Europe. Par le bibelot l'enfant apprendra donc l'histoire et l'homme se souviendra. C'est pourquoi nous avons eu l'idée de placer cet ouvrage dans une collection qui portera désormais le nom d'Histoire par le Bibelot. Espérons que les événements, les gloires, les visites célèbres nous feront bientôt continuer cette série commencée dans le but de prêter notre concours pour la réussite d'une tâche noble et juste à laquelle applaudiront tous les peuples civilisés.

Voici donc la liste des principaux objets :

Les articles de fumeur rappelant la personne du Président ou simplement celle d'un Boer sont extrêmement nombreux. Doit-on attribuer cette production à la faveur que les Transvaaliens accordent à la pipe. Probablement.

Nous avons remarqué une superbe *pipe en écume* du Président.

Nous reproduisons une pipe en bois avec la tête de Monsieur Krüger et son nom sur la coiffure. Deux autres *pipes en bois* très rustiques le représentent avec une canne à la main et une serviette de diplomate sous le bras. Une autre avec la cartouchière en sautoir et le fusil à la main.

Les mêmes sujets, plus petits, sont faits pour *fume-cigares*.

La *pipe Gambier* augmente son intéressante série de la pipe Krüger. Tous les collectionneurs possèdent dans leurs collections un échantillon de la célèbre maison. Voyez plutôt dans la belle collection de pipes de M. Pichon ou dans la collection franco-russe de M. Raffalowitch ou dans la collection Victor Hugo de M. P. Beuve.

Le *cendrier* en terre peinte représente le Président vidant un sac d'or sur lequel est inscrit le mot Transvaal.

Le pot à tabac en terre a été fait aussi en porcelaine. Il n'a de boer que la cocarde qui relève le chapeau.

Un *petit Boer en terre cuite* fumant a été vendu o fr. 10.

LES ARTICLES D'USAGE DOMESTIQUE nous donnent :

Une *assiette* avec le portrait du président Krüger.

Une autre *assiette* sort de la fabrique de Creil et Montereau. Monsieur Krüger est à cheval. La série se compose de douze assiettes rappelant des épisodes de la guerre du Transvaal.

. Le *couteau Krüger* en aluminium avec médaillon du *Président Krüger*.

Deux boutons de manchettes en nacre ont été fabriqués, ils représentent des têtes de Boers coiffés de leur chapeau de feutre. Comme INSIGNES portés à la boutonnière nous avons trouvé : un petit *drapeau transvaalien en soie* devenu introuvable, un autre

AUX PARISIENS

Le Président KRUGER sera demain parmi nous.

Il recevra, nous en sommes sûrs, l'accueil le plus cordial et le plus digne.

L'homme vénérable qui vient tenter, auprès de l'Europe, un effort suprême pour arrêter la guerre sanglante qui désole l'Afrique du Sud depuis plus d'un an, sera entouré des acclamations les plus chaudes.

Tous, sans distinction de parti, auront à cœur de lui donner les témoignages les plus positifs de l'admiration profonde et de la sympathie ardente que mérite le peuple de héros dont il est la magnifique incarnation.

Paris saura dire à Paul KRUGER qu'il est tout entier avec lui dans la mission sacrée que sa confiance de toute une race a placée dans ses mains vaillantes.

Paris réchauffera de sa flamme le vieillard frappé de tant de deuils et qui demeure toujours debout pour défendre sa Patrie. MAIS IL COMPRENDRA AUSSI QUE RIEN NE DOIT ÊTRE FAIT, RIEN NE DOIT ÊTRE DIT, QUI PUISSE EMBARRASSER L'ŒUVRE DÉCISIVE QUE VIENT ACCOMPLIR ICI LE GRAND PÈLERIN DU DROIT.

Crions donc tous, d'une seule voix :

Vive KRUGER ! Vive les Boers !
Vive les Républiques Sud-Africaines !

Le Comité pour l'Indépendance des Boers

47, RUE TAITBOUT, PARIS

MENU

Offert au Président KRUGER

DIJON

CONSOMMÉ DOUBLE
TURBOT SAUCE HOLLANDAISE
POMMES NATURE
FILET DE BOEUF RICHELIEU
HARICOTS VERTS À LA FRANÇAISE
PERDREAUX RÔTIS SUR CANAPÉS
SALADE PANACHÉE
ÉCREVISSES DE LA MEUSE EN BUISSON
FRUITS DIPLOMATE
DESSERTS VARIÉS

Hôtel de la Cloche, le 23 novembre 1900

Imp. Jobard, Dijon.

INTRODUCTION

Nous avons essayé de relater jour par jour et même heure par heure les incidents du voyage du Président Krüger en France. Les réceptions, les vœux, les discours, l'enthousiasme populaire ont été notés avec le plus d'attention possible ; nous avons tâché de ne rien omettre. Puisse cet ouvrage faire entendre aux peuples étrangers l'écho de la sympathie que n'a cessé de témoigner la nation française au courageux vieillard et à ses braves concitoyens ; puisse-t-il rallier à la bonne et juste cause les plus incrédules. Puisse t-il enfin voir se réaliser les espérances du vaillant peuple boer.

1

C'est le plus cher de nos vœux.

Il y a trente ans, la France vaincue et envahie, envoyait aussi son Président, M. Thiers, demander la protection des pays voisins. On sait que cette démarche resta sans effet : cette coïncidence dans le malheur nous rapproche davantage du peuple boer, et nous souhaitons que son chef soit plus heureux que nous dans ses négociations.

Nous avons aussi consacré une place importante dans cet ouvrage aux bibelots populaires, aux chansons, aux journaux, à la réclame, etc.

Nous nous sommes attachés à reproduire spécialement le bibelot populaire qui est le plus répandu dans les classes ouvrières et qui devient le plus introuvable. Aussi 4 jours après le départ du Président on ne trouvait plus chez aucun marchand le petit drapeau boer en soie qui avait été pourtant porté à la boutonnière de plus de trois cent mille individus ; la plupart constituent une précieuse

*relique pour les personnes qui ont pu voir le
Président et l'acclamer.*

*En terminant formons un autre vœu qui
nous est également cher et dont la réalisation peut influer sur les destinées du peuple
boer : c'est que le grand Empereur pacifi-
cateur, Nicolas II, recouvre bientôt la santé,
et qu'il reprenne en mains les affaires de son
vaste empire. Son intervention sera précieuse, et son appui presque indispensable à
la cause des opprimés. C'est de plus l'ami
de la France et du peuple boer et l'ennemi
acharné du Lion britannique.*

*Nous adressons nos remerciements sincères
à nos collaborateurs, et ils sont nombreux :
principalement à MM. Nicole, P. Beuve,
J. Schmitte, P. Daragon, F. Rey. MM. For-
tier et Marotte ont également droit à toute
notre gratitude pour le soin qu'ils ont
apporté à l'exécution aussi rapide qu'artistique des planches qui ornent cet ouvrage.*

Grâce à un tel concours de collaboration amicale le présent volume était mis à l'impression quatre jours après le départ du Président et était mis en vente six jours après.

LE

PRÉSIDENT KRÜGER EN FRANCE

PREMIÈRE JOURNÉE (22 Novembre)

A MARSEILLE

La date de l'arrivée du Président Krüger
avait été fixée pour le 22 novembre, mais
la tempête a retardé le mouillage, et les
nombreuses personnes qui espéraient être
les premières à saluer le Président ont été
déçues dans leurs espérances. L'exubé-
rance méridionale se remet vite de cette
attente, et le lendemain 23 novembre tous
les Marseillais ne s'abordent qu'en se di-
sant : « Le *Gelderland* est mouillé au
Frioul. »

Le Comité Marseillais pour l'Indépendance des Boers avait annoncé le débarquement du Président pour 9 heures, aussi le débarcadère est-il noir de monde bien longtemps avant 8 heures ; l'heure fixée est attendue avec anxiété.

Quelques formalités militaires ont failli retarder de deux heures l'arrivée du Président au milieu de la vieille cité phocéenne. Mais avec l'intervention très énergique de M. Thourel, président du Comité, les difficultés sont aplanies et bientôt après deux coups de canon retentissent à bord du *Gelderland*. Aussitôt toutes les musiques jouent et des ovations partent de tous les côtés. Le *Laus*, le *Moïse*, l'*Indus*, le *Yantsé*, mouillés dans la rade, sont noirs de monde, la foule s'anime, les chapeaux, les mouchoirs sont agités avec frénésie ; c'est lui — le voilà.— En effet, une baleinière mince et blanche, conduite par six couples de rameurs, sillonne les flots. A l'arrière, entre des habits noirs et un uniforme doré, un grand vieillard est assis. Il se découvre et les acclamations retentissent.

La foule, à ce moment, est ivre de joie, son bonheur touche à la folie, tous veulent être près de M. Krüger, lorsqu'il descend à quai soutenu par son petit-fils, M. Eloff, et M. Leyds.

Le Président est très grand, large d'épaules, d'une réelle corpulence. Il est vêtu d'un pardessus gris sombre, et tient à la main un chapeau haut de forme entouré d'un large crêpe. Des lunettes à branches d'or cachent à la foule le regard de l'hôte marseillais. Tant qu'à la barbe que porte le Président, elle est sensiblement celle que la caricature nous a donnée.

La foule est prise de compassion et d'admiration pour ce beau vieillard et pour la noble mission qu'il vient remplir auprès des cours européennes. Longtemps, à Marseille, les petits et les grands revivront cette

arrivée sensationnelle et si sympathique. Le
soleil est de la fête, les nuages gris de la
veille sont partis pour faire place à un ciel
azuré qui encadre à merveille les visages
radieux de cette foule en délire.

J'ignore qu'elle a été l'impression première de M. Krüger au milieu de tant d'o-
vations, mais je pense que s'il a eu quelques
doutes sur la sincérité de l'accueil qui lui
a été fait à son arrivée, le reste de son
voyage, tant à Lyon qu'à Dijon, qu'à Paris,
a dû lui prouver qu'il avait eu grandement
raison de choisir la France comme point
de débarquement de son voyage en Europe.

Que se passera-t-il dans les pays voisins? La noble cause qui guide le Président,
aura-t-elle, comme chez nous, le don de
lui prouver qu'il ne peut échouer dans sa
tâche !

Si, par malheur, il en était autrement,
les ovations françaises, en tintant encore

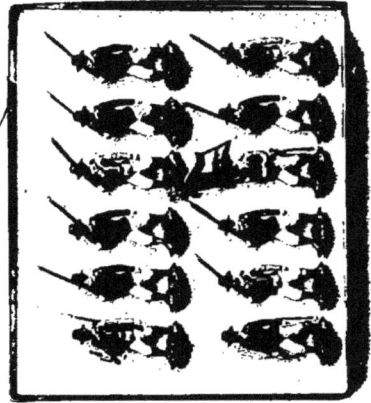

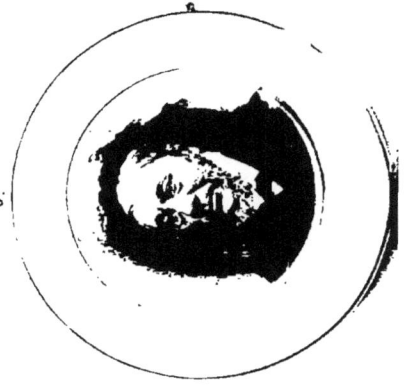

aux oreilles de M. Krüger, devront lui rappeler que des millions d'individus sont corps et âme avec lui.

Mais revenons au Président que nous avons laissé au moment où il mettait le pied sur la terre française. M. Thorel, le président du Comité, va à sa rencontre et prononce le discours suivant :

Monsieur le Président,

Au nom de la population tout entière de la ville de Marseille, dont je suis sûr d'être l'interprète fidèle, et en ma qualité de président du Comité marseillais pour l'indépendance des Boers j'ai l'honneur, et je considère que ce sera le plus grand de ma vie, de saluer Votre Excellence et de lui souhaiter la bienvenue dans notre cité.

Veuillez donc accepter, Monsieur le Président, au moment où vous mettez le pied sur cette terre généreuse et hospitalière, le salut que je vous adresse au nom de mes concitoyens, en même temps que le tribut de notre profond respect, de notre ardente sympathie et de notre admiration sans bornes pour votre personne et pour le vail-

lant peuple boer dont vous êtes l'éminent et héroïque représentant.

A cette heure, monsieur le Président, les phra-
ses sont inutiles. Notre émotion vous dit ce que
nulle parole ne pourrait exprimer. Vous nous
comprendrez, car vous allez vous trouver au
milieu de populations passionnément attachées
aux grandes idées de droit, de justice, d'indépendance et de liberté.

Honneur donc et bienvenue parmi nous au
héros des grandes luttes pour l'indépendance !
Honneur et bienvenue parmi nous au grand
citoyen Krüger, président de la République du
Transwaal !

Après ce discours, M. Pauliat, sénateur,
président du Comité de Paris, souhaite la
bienvenue à M. Krüger; il est fréquemment
applaudi.

C'est maintenant au tour du Président de
répondre; il se découvre, et pendant qu'on
le protège avec une ombrelle, il parle haut
et vite, il paraît encore plus grand, ses
yeux sont plus vifs.

M. Van Hamel, son interprète, un crayon
à la main, traduit le discours que prononce
le Président en hollandais. De confiance,
un tonnerre d'applaudissements se fait entendre pour se raviver encore lorsque le
traducteur redit en français les paroles du
Président :

Je remercie vivement le président du Comité
de Marseille et le président du Comité central
pour l'indépendance des Boers de leurs souhaits
de bienvenue. Je remercie cette population accou-
rue en foule pour me saluer. Si je porte le deuil
des malheurs de mon pays et si je ne suis pas
venu rechercher des fêtes, j'accepte pourtant de
grand cœur vos acclamations, car je sais qu'elles
vous sont dictées par l'émotion que vous inspi-
rent nos épreuves , et par la sympathie qu'éveille
en vous une cause qui est celle de la liberté.

En effet, je suis fier et heureux d'avoir choisi
pour débarquer, un port de France, de mettre le
pied sur un sol libre, et d'être reçu par vous en
hommes libres.

Mon premier devoir est de remercier votre gouvernement pour tous les témoignages d'estime

que, tout récemment encore, au milieu de nos épreuves, il a bien voulu nous donner.

Je crois que l'Angleterre, si elle avait été renseignée, n'aurait pas consenti à cette guerre Depuis l'expédition Jameson, qui avait voulu s'emparer des deux Républiques sans avoir besoin de tirer un coup de fusil, je n'ai cessé de réclamer un Tribunal d'arbitrage qui, jusqu'ici, m'a toujours été refusé.

La guerre qu'on nous fait dans les deux Républiques a atteint les dernières limites de la barbarie. Dans ma vie, j'ai eu à combattre bien des fois des tribus barbares d'Afrique, mais les barbares que nous avons à combattre maintenant sont bien pires que les autres.

Ils vont jusqu'à armer contre nous les Cafres. Ils brûlent nos fermes, que nous avons eu tant de peine à construire; ils chassent les femmes et les enfants, dont les maris ou les pères ont été tués ou emmenés prisonniers, et les laissent sans protection, sans bois et sans pain souvent.

Mais, quoi qu'on fasse, nous ne nous rendrons jamais. Nous lutterons jusqu'au bout. Notre grande et inébranlable confiance est dans l'Eternel, dans notre Dieu. Notre cause est juste, et si la justice des hommes devait nous manquer, l'Eternel qui est le maître des peuples, et à qui appartient l'avenir, ne nous abandonnera pas.

Je puis vous assurer que, si le Transvaal et l'Etat libre d'Orange devaient perdre leur indépendance, c'est que les deux peuples boers auraient été détruits, avec leurs femmes et leurs enfants.

Chacune de ces paroles amène dans la foule des ovations, des cris, des applaudissements, partout des mouchoirs, des cannes, des parapluies sont agités; l'élan est donné et ne s'arrêtera que lorsque le Président aura quitté la France.

Le Président monte dans son landau pour se rendre à l'hôtel de Noailles. Pendant tout le parcours, il coudoie cette foule si sympathique évaluée à plus de 30.000 personnes; la police est vite débordée malgré le grand déploiement de troupes qu'un tel événement a rassemblé.

Le peuple marseillais veut toucher le Président, il l'acclame derrière sa voiture en franchissant la chaussée.

Grâce aux efforts de M. Bonnaud, commissaire central, un peu d'ordre se rétablit
et les délégations, drapeaux en tête, viennent se placer devant les agents, puis le
cortège se met en marche. Il suit le boulevard des Dames, la rue de la République
et la Canebière. L'affluence augmente encore, et c'est maintenant à 100.000 que l'on
peut estimer le nombre des curieux ; environ douze tramways sont pris d'assaut, les
toits des maisons, les balcons, les fenêtres,
la Bourse sont noirs de monde et toujours
ces cris de plus en plus nourris : « Vive
Krüger ! Vivent les Boers ! »

Des fenêtres, on lance sur le landau présidentiel des petits bouquets de violettes et
de roses. A ce moment, le cortège ne s'avance
que très difficilement et au pas tant l'affluence est compacte et toujours de plus en
plus avide d'acclamations.

L'hôtel de Noailles est orné de drapeaux
du Transvaal et de l'Orange mêlés à ceux

de la France. Lorsque le Président descend
de son landau pour gagner les salons qui
lui ont été réservés, une formidable bous-
culade se fait sentir, tout le monde veut
le saluer de près et la police est encore
une fois débordée. Arrivé dans ses appartements, le Président se rend au balcon et
salue la foule. Alors, nous ne trouvons
plus de termes exacts pour dépeindre l'état
de la masse rassemblée devant l'hôtel. Ce
n'est plus de l'ivresse, ce n'est même plus
du délire, c'est plus encore que de la folie.

Entre le Dr Leyds, M. Eloff, son petit-
fils, et les délégués Fischer et Wenda ; le
Président reçoit à trois heures les délégations venues de partout.

C'est encore M. Thourel qui ouvre le feu
des discours. Il remet ensuite au Président
un bronze, la *Défense du Foyer*, au nom du
Comité. Le Président se lève et remercie
l'orateur de sa voix énergique.

M. Henri des Houx présente ensuite la
Presse française.

Puis c'est le tour des délégations et des
Comités ; après, MM. les députés Chevillon,
Carnaud et Michelin ; ensuite le Conseil
général et le Conseil d'arrondissement ;
puis Mme Juliette Adam, à qui le Président
sourit, pendant que le Dr Leyds lui serre
affectueusement les mains en lui adressant
ses remerciements pour l'ardente campagne qu'elle a menée pour l'indépendance
des Boers; puis c'est M. Fritz Estrangin au
nom de la famille du regretté colonel de
Villebois-Mareuil. — M. Marcel Davitt au
nom de la presse irlandaise ; M. Marie
Laure au nom de la Ville de Nice.

Très fatigué par cette longue série de
visiteurs doués pourtant des meilleurs sentiments, le Président Krüger n'assistait pas
le soir au banquet offert en son honneur.
Plusieurs discours ont été prononcés ; citons d'abord ceux de M. Rambaud, ancien
ministre, MM. Thourel, Leyds, Pauliat, etc.

Le Président, pendant ces allocutions

drapeau en papier avec portrait du Président et la *cocarde boer* posée sur un ruban vert en croix.

La BIJOUTERIE est *représentée* par une petite broche carrée contenant le portrait de Monsieur Krüger. Deux *épingles de cravate* de module différent représentent le médaillon en profil du Président. Une *petite breloque* est faite d'un chapeau transvaalien relevé d'un côté.

Les JOUETS seront très nombreux cette année. Nous avons trouvé une *boîte de soldats* en plomb représentant les divers uniformes d'un commando boer avec clairon, officier et drapeau.

L'Anglais et le Boer, se mouvant au moyen d'un fil.

Le *Boer tirant*, jouet mécanique.

Plaçons ici *la Peau*, petit masque en espèce de gélatine représentant d'une façon frappante le profil du Président.

Grâce à l'amabilité de Félix Rey, de

6

Dijon, nous avons pu reproduire (Pl. I) le
menu qui a été servi au Président Krüger
à Dijon. Ce menu très artistiquement illustré constitue un charmant souvenir qui
fait grandement honneur à celui qui l'a
conçu.

Pour terminer ce chapitre adressons-nous
à la PAPETERIE qui nous a donné : le *papier
des Boers* de couleur kakhie avec les drapeaux anglais et transvaaliens.

La papeterie du Transvaal dont la boîte
reproduit en bleu le portrait du Président.
Enfin par une note gaie terminons en signalant « l'Anglophage » représentant un
Boer avalant des escadrons anglais, de la
cavalerie, de l'artillerie, etc. Ce carton-
nage a eu beaucoup de succès. On le ven-
dait sur le passage du cortège.

Enfin un *siflet* vendu un sou que nous
avons reproduit dans notre planche III est
remarquable à cause de sa fragilité.

LA PARFUMERIE nous donne *le Bouquet de*

l'Indépendance avec étiquette illustrée représentant le Président. Les couleurs du
Transvaal et des fleurs en complètent har-
monieusement l'ensemble.

CARTES POSTALES ILLUSTRÉES

Six cartes postales illustrées de vues prises à Marseille ont été lancées dans la circulation.

Une autre représente Krüger et Chamberlain avec cette devise : honte et gloire.

Une autre : Krüger et Marchand (?)

Une autre : le Poste au Transvaal.

Une autre : un Boer en manches de chemise tirant d'une main sur un soldat anglais.

Une autre qui nous vient de Zurich représente à droite sur un rocher le médaillon du Président Krüger ; à gauche, un ouvrier, une femme et un enfant lui offrant des fleurs. Sur cette carte on écrivait dans un emplacement réservé à cet effet son nom, sa condition et son domicile et on l'adressait au consulat général à Paris. Une épitaphe

vibrante à l'adresse du Président est impri-
mée sur cette carte.

Six autres représentent M. Krüger sous
des costumes de fantaisie il est souvent
bien méconnaissable.

La dix-huitième carte et dernière de notre
collection consiste en un drapeau transvaalien portant ces motifs « Pour l'indépendance. Pour la liberté ».

CHANSONS

Dix-sept chansons ont été fredonnées pendant le séjour du Président Krüger à Paris.

Nous en reproduisons les titres et un couplet.

On y trouvera une réelle bonne volonté rarement couronnée de succès ; mais l'intention est si louable que l'on doit en oublier les incorrections.

C'est toujours la gloire des vaincus que les auteurs veulent rappeler et la haine de l'Angleterre. Ecoutons-les plutôt :

Ah ! les braves gens ! ou *la défense des Boers.*

Ils l'ont juré, tous ils mourront,
Plutôt que de jamais courber le front.

Braves comme eux (chanson de route dédiée aux Boers).

Pour nous apprendre les vrais combats,
Et nous préparer à la guerre,
Nous allons marquant le pas,
La mine très fière.

Gloire aux Boers (paroles de Leo Lelièvre).

Le front haut et l'âme aguerrie,
Les braves Boers sont partis,
Verser leur sang pour la patrie,
Chassant l'Anglais de leur pays.

Gloire aux Boers (paroles de Victor Thiels).

Salut à toi peuple héroïque,
Exemple de fraternité.

Gloire à Krüger (air : *La Paimpolaise*).

Traqué par les Anglais sauvages,
Le vieux Krüger vient parmi nous ;
Mais en s'éloignant du rivage,
Il crie en tombant à genoux,

    A ces pauvres gars
    Qui restent là-bas.

Gloire aux Vaillants !

Ils étaient peu, leurs ennemis sans nombre...
Mais ils luttaient pour la paix du foyer...

La même, sous le titre : *Vivent les Boers*
ou *Gloire aux Boers*.

La guerre du Transvaal.

Ils partaient tous, les enfants et les pères,
Qui simplement devenaient des guerriers,
En embrassant les femmes, sœurs et mères,
Ils leur disaient : Demeurez aux foyers.

L'Hirondelle du Transvaal (romance).

Ils sont nombreux les enfants de la France,
Qui sont partis combattre dans leurs rangs.

Marche des Boers.

Frères debout! voyez sur la montagne,
Les habits rouges des soldats anglais!
Que veulent les fils de la Grande-Bretagne ?
Que nous soyons leurs esclaves, jamais !

LE VOYAGE EN FRANCE
PÈRE KRUGER

LA GUERRE AU TRANSVAAL

PRÉSIDENT KRUGER EN FRANCE
SOUVENIR

KRUGER

BOERS

Marche

Gloire aux Vaillants!
ROSCA

AM! LES BRAVES GENS!
LA DÉFENSE
DES BOERS

GLOIRE AUX BOËRS

POUR
LES BOERS L'HIRONDELLE DU TRANSVAAL
DAMBREVILLE

LUCAY

WALLOON
ZAÏRE

BOUD'NOR R.POMPILIO & G.KRIER

Lucien COLONGE J. HENRI

La Marche des Boers.

Saluons avec déférence,
Joubert! de Villebois-Mareuil!

Pour les Boers !

Faut de l'or aux envahisseurs !
Ah! maudissons la soif immonde
Qui fait pleurer mères et sœurs,
Aux yeux indifférents du monde !

Salut au Président Krüger.

Peuple français, chapeau bas devant l'homme,
Par qui l'anglais, haï de l'univers
Connut enfin la défaite, et qu'on nomme ;
    Brave Krüger ! Salut Krüger !

Le même, format différent, avec portrait
en couleur du Président Krüger.

Si qu'on mariait Krüger à Victoria ?

C'est un héros qui nous arrive,
Partout on l'acclame, on le *vive*.

C'est fort bien, mais il serait mieux
De les remettre en paix tous deux.

La Transvaalienne.

Là-bas tout au fond de l'Afrique,
Un petit peuple très vaillant,
Fièrement donne la réplique
Au mercenaire envahissant.

Les victoires des Böers.

Honneur à toi fière petite République !
Qui résistant à l'anglais redouté,
Montre surtout la grandeur héroïque
Et que tu peux garder la Liberté !

Le voyage en France du Père Krüger.

Le vieux père Krüger.
A traversé la mer
Pour voir si les Français
Sont devenus Anglais.

Le reste de la chanson est toute sur
cette note, plutôt irrévérencieuse. Nous la

citons plutôt comme curiosité que comme
intérêt.

Peu de poésies ont été faites sur la venue
du Président Krüger. Il nous faut en citer
une qui fut publiée par le *Figaro*. Elle est
admirable et toute vibrante de patriotisme.
Elle est intitulée « A KRÜGER ». Son auteur
est Edmond Rostand. C'est tout dire. Il
n'y a même eu rien à dire après lui.
Personne ne s'y est hasardé (1).

(1) Lire à ce sujet l'article de Jean Rameau dans le
Gaulois.

JOURNAUX ILLUSTRÉS

Toute la presse française pendant le séjour du Président a rivalisé d'ardeur pour reproduire dans ses colonnes des articles plus intéressants les uns que les autres. Les journaux illustrés surtout ont pleinement réussi dans leurs nombreux croquis et vues instantanées. Signalons entre les plus curieux :

Le Rire qui a fait un numéro spécial d'une folle gaieté intitulé. « Krüger le Grand et John Bull le Petit ». Les dessins sont du reste signés Caran d'Ache. Ce numéro s'est vendu à 250.000 pendant le séjour du Prédent à Paris. — *Le Monde Illustré* a consacré aussi un numéro spécial : « Hommage au Président Krüger ». — *La Vie Illustre* a eu deux numéros fort curieux remplis d'une quantité de vues prises sur le parcours du cortège tant à Marseille qu'à Paris. — Le Journal l'*Illustration*, comme toujours, a été le plus admiré tant par ses jolies reproductions que par ses nombreuses et intéressants instantanés : citons encore le *Supplément du Petit Journal*, le *Journal Illustré* ; *Le Courrier Français*, etc., etc.

MÉDAILLES

La *maquette* la plus jolie qui ait été faite est celle de M. S. Nilson reproduite en bronze ou en argent. Elle a été vendue à très grand nombre par les soins de MM. Sévin et Rey. Cette maquette est due à l'initiative de M. Cheminais, industriel. Elle représente le Président vu de trois quarts ; une branche de chêne, l'encadre à merveille. Elle fut offerte à Dijon au Président par M. Félix Rey.

En somme fort jolie pièce à conserver, tant comme souvenir que par sa valeur artistique.

Une autre médaille vendue o fr. 10 a été criée par les camelots le jour de l'arrivée du Président.

Nous avons reproduit aussi les pièces de monnaie d'argent à l'effigie du Président

qui ont cours à l'heure actuelle au Transvaal.

A signaler aussi la médaille en cuivre
qui fut apposée sur le menu de l'Hôtel de
la Cloche, on y remarquait d'un côté le
profil du Président, de l'autre: « *Les Maga-
sins de la Ménagère de Dijon aux Boers.* »

MUSÉES

Depuis quelques mois arrivent fréquemment du Transvaal des officiers et des hommes ayant servi dans les rangs de l'armée boer. Ils rapportent des malles pleines de souvenirs qui constituent de véritables musées.

Nous avons eu le plaisir de visiter celui de M. L. Chevallier, ancien officier des mines, revenu récemment au milieu de ses amis de Paris après plus d'une année de campagne.

Il nous a montré une fort intéressante collection de photographies prises sur divers champs de bataille. Avec sa complaisance habituelle il a bien voulu nous expliquer avec une précision inouïe les moindres renseignements que nous lui demandions. Il nous a montré des balles dum-dum, des obus, des chargeurs, des fusils pris sur les Anglais. Puis des objets divers, des lances,

des cannes, un piano très rustique composé
de lames de métal. Pour terminer, notre
aimable compatriote nous montre son uniforme de couleur kakhic pris aux Anglais
(un simple bouton placé près du col indique le grade de l'officier), puis son chapeau
de feutre dans l'intérieur duquel se trouve
son nom et enfin sa respectable paire de
souliers à guêtres de cuir.

Le journal *Le Matin* a exposé aussi dans
ses vitrines des objets trouvés sur les
champs de bataille du Transvaal. Des uniformes anglais, des balles et une photogra-
phie de la tombe du colonel de Villebois-
Mareuil sur le champ de bataille de Boshof.

PRÉDICTIONS

L'attention était tellement tenue en éveil sur la réussite de la mission du Président Krüger que des journaux ne se sont pas contentés de voir dans l'enthousiasme populaire une chance de succès; ils sont allés demander à la célèbre voyante Madame Lay-Fonvielle de bien vouloir charger son esprit « Julia » de renseigner l'opinion publique sur l'avenir du peuple Boer. Voici à ce sujet ce que le *Gaulois* publiait :

Chez la Voyante : les Boers triompheront-ils ?

C'est la question que nous avons posée, hier, à la célèbre voyante de la place Saint-Georges, Julia, que nous avons déjà présentée aux lecteurs du *Gaulois*.

Or, voici ce que Julia m'a répondu :

— Les Boers ne perdront pas. On les secourra.

» Les Anglais ne réussiront point.

» Au commencement de 1901, la Russie inter-
viendra.

» Le président Krüger avait d'abord l'intention
de consulter la France. Les ovations qu'il y a
reçues et qui sont l'expression de l'âme de la
France et l'opinion de toute la terre, lui donneront
un encouragement moral. Mais c'est de la Russie
que lui viendra le salut; la France aussi y contri-
buera, mais autrement. Il sera lui-même heureux
et surpris que la Russie protège bien le Transvaal.

» Cette intervention aura lieu de manière à
ménager les froissements de l'Angleterre.

» Mais de Russie, on enverra, d'une certaine
manière des hommes ; et de France, de l'argent.

» Il y a en Russie des personnages très éminents
qui ont demandé au Tsar de protéger ces gens qui
se battent pour leur indépendance ; leur cause est
juste. Cela est déjà fait ».

Julia me nomme — bien qu'elle donne très rarement des noms propres, jamais des noms de
famille — un parent du Tsar, jeune, vaillant, très
bon, qu'elle me dépeint comme un avocat chaleureux des Boers : j'ai vérifié depuis, sur le
Gotha, le nom et l'âge sont exacts.

Elle continue :

— Si les Anglais eux-mêmes avaient à refaire cette campagne, ils ne la referaient pas. Mais maintenant, n'est-ce pas, ces gens sont forcés de se battre ; ils se défendent aussi. Mais ce qu'ils font dans la guerre est très mal.

» A cause de la maladie du Tsar, on n'a pas communiqué « au roi de Russie » les documents importants qui auraient déjà décidé de son intervention

» Et la convalescence, malheureusement, sera un peu longue. Cette maladie, d'ailleurs, n'est pas une typhoïde ordinaire, comme on l'a dit.

— On a parlé d'empoisonnement ? dis-je.

— Ce n'est certainement pas cela, reprend Julia, hésitante. Je ne puis pas dire...

J'insiste cependant. Mais elle se refuse à en dire davantage.

Je risque une conjecture, Julia sourit.

— Enfin, oui ou nom, le Tsar mourra-t-il de cette maladie ?

— Non, non, non... La « mort de Dieu » n'est pas sur lui... Je ne la vois pas. S'il mourait, ce serait inconcevable. Ce serait le premier cas de mort que je n'aurais pas vu, dit-elle, après s'être recueillie extraordinairement. Il ne mourra pas.

— Voyez-vous l'Impératrice ?

— Oui. Elle est bonne, dévouée, elle soigne admirablement le Tsar. Elle aura un fils.

．　．

— Peux-tu me dire où va Krüger en quittant la France ?

— En Russie.

— Mais non ; il doit aller ailleurs avant.

— Tu veux dire en ce petit pays où il y a beaucoup d'eau et où il y a une Reine toute jeune... Mais cela ne vaut pas une grande puissance... Je vois toujours la Russie. C'est cela qui est intéressant.

Et elle écrit obstinément avec son doigt, sur la table, le mot Russ..., et figurant une carte, elle continue à indiquer, d'un geste énergique, la Russie.

— Ira-t-il par terre ou par eau ?

— Par eau.

» Ce qui est sûr, c'est que le secours lui viendra surtout de la Russie.

» D'ailleurs, les Anglais recevront beaucoup d'échecs pendant sept ou huit ans. Ils seront très diminués.

» Il était écrit qu'ils auraient de grands ennuis

de 1897 à 1905. On dirait qu'ils ont encouru une
malédiction du ciel, mais on ne peut pas dire
cela. Enfin pour eux, c'est « un moment fatal ».
Ils auront même aussi un fléau ; mais ne le dis
pas pour ne pas attrister trop ces pauvres gens,
ils seront assez malheureux sans cela.

» De 1901 à 1905, « ils ne seront pas contents
du tout », et la reine Victoria mourra ».

Je cite le sens, car Julia parle avec plus de
familiarité des souverains, qu'elle traite soit de
« petit bonhomme », soit de « vieille petite femme»
avec un sans-gêne à désespérer M. Crozier.

— Fais bien savoir aux Boers qu'ils ne périront
pas. Je te l'ai dit plusieurs fois ; d'abord, Jeanne
d'Arc les protège... Jeanne d'Arc est avec eux...

— Mais... Jeanne d'Arc était une bonne catho-
lique, comment s'expliquer ?...

— Oui, sans doute, les Boers ne sont pas aussi
avancés que nous dans la vraie religion. Ils sont...
on appelle cela, n'est-ce pas, « protestants » ?...
Mais ce ne sont pas des protestants comme en
Angleterre et en France... Ils prient si bien. Ils
élèvent leurs âmes.

Résumons Julia dont les discours sont intermi-
nables.

— Les Boers triompheront grâce à l'interven-

tion de la Russie où M. Krüger se rendra après
avoir été en Hollande. La France participera à
l'intervention. Le règne de la justice est proche.
Puisse Julia dire vrai !

Le journal *La Vie illustrée* s'est adressé
à Mᵉ de Thèbes pour connaître l'avenir
du Président Krüger par l'examen de ses
mains. Voici ce que l'intéressant journal
publiait dans le nº du 7 décembre sur la
couverture duquel se trouvait la photogra-
phie des deux mains du Président : regardez ces deux mains dit Mᵉ de Thèbes. Ce
sont les mains de l'homme qui occupe en
ce moment le monde entier, les mains de
l'Oncle Paul, les mains du Président Krüger. Voyez comme elles se ressemblent peu,
et comme elles donnent raison aux théo-
ries des anciens qui disaient que la main
gauche est la main de la fatalité, la droite,
la main de la volonté, ou pour mieux dire :
la main gauche, l'homme que l'on est; la
main droite, l'homme que l'on deviendra.

Y a-t-il un être au monde qui soit plus le fils de ses œuvres que Krüger? La main gauche est presque la main d'un animal, les ongles sont spatulés et nous indiquent l'action et la force. Le doigt index est plus long que les autres, autorité terrible sans raisonnement ni commandement, tout par la force brutale, main primitive s'il en fût, chasseur, être d'instinct, indiscipliné; être libre enfin; quant à la culture intellectuelle, il l'a tournée du côté de sa terre, car c'est un terrien avant tout, il aime son sol celui-là, sa mère-patrie, il ne comprend que cela; sa nature qui est restée droite et loyale, — la forme primitive de cette main gauche nous l'indique — ne pense qu'à garder son indépendance, et en défendant sa patrie, il se défend lui. Il ne trahira pas celui-là, soyez en sûr, et quand il dit qu'il se fera tuer avec tous les siens, il ne ment pas, il dit vrai, il le pense.

Regardez la main droite maintenant.

Quel changement! Comme cet être s'est
orienté, comme cette main carrée indique
la réflexion; le doigt index qui est l'intention, l'inspiration, est aussi long que le
médius, intuition qui ne se laisse pas aller,
qui analyse avant d'agir, qui conçoit nette-
ment, clairement, justement, qui marche
avec la fatalité. Remarquez ces deux doigts
d'égale longueur, très rares dans une main
c'est une prédestination : le médius, le
doigt de Saturne, ou fatalité, l'index, le
doigt de Jupiter, autorité, commandement.
Et ces deux doigts se touchent bien et nous
indiquent bien l'homme à qui nous avons
affaire. Il marche contre la fatalité, il lui
commande, il lui résiste, il bataille avec
elle, et il la domine; car ce pouce long, ce
pouce qui arrive presque à la première pha-
lange de l'index, nous souligne une volonté
de fer. La main gauche, par sa forme primitive, nous indique que la souffrance physi-
que ne l'atteint pas ; la main droite, par sa

forme carrée, que les souffrances morales
ne l'atteignent pas davantage, c'est un roc,
il est inébranlable. Ces doigts plus longs
que la paume sont d'un idéaliste, de là son
amour pour la Bible. Cet homme peu cul-
tivé intellectuellement a trouvé là de quoi
user son mysticisme, il le dépense en chan-
tant et en lisant les psaumes. Ces deux mains
nous indiquent bien que cet être s'est fait
lui-même : la main gauche est d'instinct, la
main droite volonté, réflexion, pensée, téna-
cité.

PUBLICITÉ.— AFFICHES.— ÉTIQUETTES

Voici dans l'ordre alphabétique les principaux produits qui ont été baptisés depuis quelques mois de noms boers.

Ils ont été signalés à l'attention des gourmets et des curieux soit par des annonces, soit par des affiches.

Apéritif « *Le Boer* ». — (Etiquette, carton-réclame, et affiche illustrée représentant des Boers dans une tranchée buvant.)

Beignets d'Alsace et Boers. — Quel nom ronflant pour indiquer un dessert si connu. (Enseignes de calicots.)

Avenue Parmentier, un marchand de vins appelle sa maison : *Au canon boer.*

Rue d'Aboukir une brasserie s'intitule du nom pompeux de : *Au cabaret des Boers,* service fait par des Boerrines (!...)

Bonbons boers acidulés, genre bonbons
anglais, quelle ironie !... d'un côté le profil
d'un Boer, de l'autre le mot « Boer ».

Pastilles Trabant pour la toux. (Affiche
très curieuse qui a encouru les foudres de
la censure, elle représente Krüger offrant
les dites pastilles à la Reine Victoria qui
tousse d'une façon bien douloureuse. Elle
est si malade l'Impératrice des Indes.)

Protecteur universel pour bicyclettes.(Affiche dessinée par Ogé et représentant le
Président Krüger et Chamberlain réparant
chacun leur pneu.)

La Maison Dubonnet a annoncé comme
réclame dans les journaux que le Président
Krüger avait manifesté le désir de boire un
verre de *Quinquina Dubonnet* avant de quitter la France. — Nous croyons savoir que le
Président ne boit que du lait.

Le conseil municipal de Paris a décidé de
donner le nom de Krüger à une rue de la
capitale. C'est en quelque sorte consacrer

le vœu de la population qui avait placé des bandes imprimées au nom de Krüger sur les écriteaux de l'Avenue Victoria.

Terminons ce modeste ouvrage en signalant au lecteur la belle et intéressante affiche que le Comité pour l'Indépendance des Boers a fait apposer dans Paris la veille du jour de l'arrivée du Président Krüger. Nous la reproduisons pour que nul n'en ignore.

Nous souhaitons encore une fois la réalisation des vœux émis par ce vaillant Comité qui n'a cessé de réunir des adhésions pour la noble cause transvaalienne.

FIN

TABLE DES MATIÈRES

TABLE DES ILLUSTRATIONS

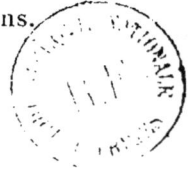

LAVAL. — Imprimerie Parisienne, L. BARNÉOUD & Cie

www.ingramcontent.com/pod-product-compliance
Lightning Source LLC
Chambersburg PA
CBHW071810090426
42737CB00012B/2032